Why Think?
Philosophical Play from 3-11

3—11岁儿童思维游戏

[英] Sara Stanley 著

夏素敏 译

中国轻工业出版社

图书在版编目（CIP）数据

3—11岁儿童思维游戏/（英）萨拉·斯坦利（Sara Stanley）著；夏素敏译. —北京：中国轻工业出版社，2020.6（2023.9重印）
ISBN 978-7-5184-2872-4

Ⅰ.①3… Ⅱ.①萨… ②夏… Ⅲ.①智力游戏－儿童读物 Ⅳ.①G898.2

中国版本图书馆CIP数据核字（2020）第019843号

版权声明

Why Think?: Philosophical Play from 3-11 by Sara Stanley /9781441193605.
© Sara Stanley, 2012.
All Rights Reserved.
This translation is published by arrangement with Bloomsbury Publishing Plc, China Light Industry Press Ltd. / Beijing Multi-Million New Era Culture and Media Company, Ltd. is solely responsible for this translation from the original work.

责任编辑：牟　聪
策划编辑：孔胜楠　　　　责任终审：杜文勇
责任校对：刘志颖　　　　责任监印：吴维斌

出版发行：中国轻工业出版社（北京东长安街6号，邮编：100740）
印　　刷：三河市鑫金马印装有限公司
经　　销：各地新华书店
版　　次：2023年9月第1版第3次印刷
开　　本：710×1000　1/16　印张：20.75
字　　数：134千字
书　　号：ISBN 978-7-5184-2872-4　定价：62.00元
读者热线：010-65181109，65262933
发行电话：010-85119832　传真：010-85113293
网　　址：http://www.chlip.com.cn　http://www.wqedu.com
电子信箱：1012305542@qq.com
如发现图书残缺请拨打读者热线联系调换
180951Y1X101ZYW

译者序

为什么要思考？

这是对人类认知的哲学追问，也是对生活经验的理性反思。我们可以怀疑任何所见所闻，唯有对于"我们在思考"这件事不可否认。那么，我们为什么要思考呢？

好奇是人类与世界最初的精神联系，追问是儿童好奇心的集中表现，而哲学则是始于好奇去寻求答案的奇妙旅程。世界越多彩，信息越庞杂，独立的、充满创造性的思考越弥足珍贵。那么多的神奇有待发现，那么多的问题等待解答，我们都希望自己的孩子能掌握形成主见的技能，能充满自信地去表达自己。其实，成年人和孩子一样都有天然的好奇心，都想弄明白周围的世界发生了什么、是怎样发生的以及为什么会发生。从儿童到成人，我们会越来越多地进行自觉的哲学思考，去了解我们的存在、我们的关系，以及我们的思考本身。

对思考的探究，是儿童哲学（Philosophy for Children，简称 P4C）的重要组成部分。20 世纪 60 年代末，美国哲学家马修·李普曼（Matthew Lipman）首创儿童哲学。他认为，只有尽早让儿童接触哲学，方能提高整个社会的思考水平。基于李普曼的愿景，儿童哲学被认为可以作为形成一种新的教育工具的基础，以此让孩子在学校以及生活中都发出自己的声音。作为教育工作者，我们应该引导和鼓励孩子们相互倾听并勇于提问，告诉他们，在这里，他们的思考是受到尊重的。通过探讨友谊、公平、正义、真理和知识等主题，儿童哲学让孩子们与现实生活体验建立联系，让他们有信心去检验自己的想法，这是进行有效推理的基础。

在本书中，"儿童哲学"是指将哲学思考引入儿童课程的方法，这种方法鼓励孩子们解锁好奇心，并给他们提供一种实用又理想的方法用于进行真正的探究。

本书作者萨拉·斯坦利（Sara Stanley）于 1997 年毕业于英国剑桥大学哈默顿学院，主修戏剧与儿童文学，获得教育学荣誉学士学位。她是英格兰诺里奇市（Norwich）学前教育负责人，也是幼儿园专职教师。她的教学极具特色，注重通过哲学游戏、分析儿童故事和基于探究的角色扮演等方法来发展儿童的思维技能。此外，她还利用高品质的图画书开发儿童主题学习、哲学理解和探究活动，并由此构建和指导自己的教学。因此，她不仅具备系统的儿童哲学理论，更掌握了大量实践经验。

萨拉·斯坦利致力于研究如何在游戏中将思考的力量最大化的方法。她带着我们从 3 岁孩子的教育出发，开启一段奇妙的旅程，并告诉我们在孩子接受教育之初该如何辅助他们学习和游戏。哲学思考离不开提问、推理以及论证和反驳，离不开逻辑。本书激励读者作为促进者与孩子们开展探究活动，把教室变成一个自由空间，让孩子们像玩游戏一样思考、对话和辩论。通过培养和发展孩子们所需要的技能，使他们成为探究团体中有自信、讲逻辑、富有创造性并勇于接受挑战的成员。对哲学技能的强化和应用，也会让孩子们在生活中学会理性思考。虽然书中的活动和案例来自不同年龄的儿童，研究结论随着年龄组的不同会有所不同，但结果都一样令人愉悦，非常有价值。

全书分为九章。第一、二章介绍了哲学始于游戏以及童话的力量。作为儿童学习的促进者，我们要做的最重要的事情之一就是向儿童学习。第三章开始引入哲学概念，并给出了培养哲学严谨性的三个步骤以及具体实例。在理解了哲学概念的性质和有目的的提问的基础上，第四章介绍了一种更具哲学意义的探究以及孩子们需要发展的相关技能。第五章给出的是适用于所有年龄段孩子的早期探究活动。第六章直接引入逻辑与推理，检查思考的有效性。第七章是对儿童哲学探究本身的研究，包括传统探究的结构以及让孩子进行角色互换的方法。第八章用高质量的图画书为这趟探究之旅画上了句号，研究了一些可以用于鼓励儿童以及青少年进行哲学讨论的图画书，探讨图画书对于哲学探究的潜力。第九章指出，为了让儿童哲学对孩子的生活产生持久的影响，我们的探究活动必须扩展到课堂之外。虽然具体做法因人而异，取决于教师的个人选择，但必须承认，这是非常重要的一环，也是真正达到预期效果的因素之一。这并不复杂，甚至非常有趣，只需去了解、去尝试，而打开这本书可以作为尝试的第一步。

除了活动设计和案例研究，这本趣味横生的书还提供了大量对话、绘画、照片、推荐书籍和资源列表等，可以作为开展儿童哲学探究活动教师的常备书籍。

图画书是综合的艺术形式，好的图画书都可以做哲学"教材"。同一本图画书涉及的哲学概念可能是多方面的。在读图画书、提问题的过程中，孩子们可以逐渐增强阅读能力、提高思维素养、养护人文底蕴。我们希望孩子们是具有创造力、充满好奇心并能自我引导的终身探究者。本书提到的一些图画书，对于没有读过的人来说，不管是老师还是孩子，在理解上都可能存在困难，需要另作辅助阅读和了解。

思维是内心对话的重现。通过对话进行团体探究，推进思考的深入，是本书的显著特色。古希腊哲学家苏格拉底便提倡以对话促进思考，做思想的"助产士"。在引导儿童进行哲学探究的过程中，教师需要做的是，作为先行者提出问题，作为促进者引导程序，作为旁观者记录对话，而不需要做的是，给出答案，判定对错。更重要的是，我们要认识到，儿童哲学不仅是一种教育理论，也能够产生真正的、实际的效果。作为教育工作者，我们需要意识到自己班上的孩子可能会怎样，并把自己班上的孩子代入书中的实例。本书中的对话很多，作者提倡的是保持原汁原味的儿童语言。这对翻译来说并不简单，幸而我自己有一个刚刚上学的孩子，我从她的语言和行动中得到一些启发。

哲学思考需要一个能够容纳一切思想的生态环境，这些思想的提出、连接、选择、推进以及评价和批判，都离不开逻辑。特别值得注意的是，对于书中提到的"critical thinking"一词也有别的中文译法，比如"审辩式思维"，但按照惯例，我们仍然译为"批判性思维"。批判性思维既是现代社会关注的热点之一，也是教师和家长关心的话题之一，我们都希望孩子能进行独立的、有创造性的思考。但必须指出，从本质上讲，批判性思维即"合理怀疑、合理置信"，不要因为"批判"的字面含义造成对整个思维过程甚至对逻辑推理的误解。逻辑知识的掌握与批判性思维能力的提高具有正相关关系，掌握的逻辑工具越多，批判性思维能力越强。"逻辑精神"的核心是"讲理"，无论是批判还是反思，都首先要合理，否则无法进行。在澄清逻辑与批判性思维关系的前提下，在教学中自觉地加强批判性思维视角，才能真正推动创造性思维的发展。

我的专业是逻辑学，对儿童哲学的关心始于对自己孩子提出的各种奇异问题的困惑和赞赏，十分希望能为儿童哲学的研究注入逻辑学视角。与此同时，必须承认，我还需要更加系统地研究心理学、教育学的理论和实践。在翻译本书的过程中，由此缺乏带来的不足展露无遗，使得译稿难免存在疏漏和遗憾之处，期待各位读者、专家给予批评和指正。

夏素敏
2020 年 3 月

致 谢

感谢英格兰诺里奇市斯巴霍克幼儿园（Sparhawk Infant & Nursery School）的孩子、家长、教职工和领导们，他们让我近三年的经历如此令人愉快又发人深省。感谢诺福克郡（Norfolk）阿克勒小学（Acle Primary School）与坎布里亚郡（Cumbria）北部湖区小学（North Lakes Primary School）五年级的孩子们和老师们，他们是哲学可以起作用的见证人。

特别的感谢送给令人尊敬的、富有感召力并全心支持我的同事玛丽亚·科尼什（Maria Cornish）和马丁·索尔斯比（Martyn Soulsby）。最后感谢我的家人，感谢他们对我的爱与支持。没有他们，也就不会有面前这本书。

目 录

导 言 /1

第一章 从游戏开始 /11

为什么哲学要从游戏开始？ /12
在游戏中解决冲突 /13
在角色扮演中解决冲突 /19
幼儿园中常见的自说自话 /25
儿童何时停止游戏？ /36

第二章 讲故事与童话 /39

从童话故事开始 /40
让孩子来讲故事 /41
童话的力量 /45

使用童话故事玩偶 /49

童话故事活动 /58

第三章　促进者的角色 /75

探究生活中的哲学概念 /76

向儿童介绍哲学概念 /84

更好地提问 /90

第四章　培养哲学思维 /105

制定哲学探究的基本规则 /106

哲学技能的渐进发展 /112

利用每日问题板促进哲学技能的发展 /114

第五章　早期探究 /135

适用于所有年龄段孩子的早期探究活动 /136

探究活动示例 /164

第六章　更好地思考 /177

检查思考的准确性 /178

使用选择卡促进探究 /179

逻辑与推理 /182

让孩子主导思考 /187

高阶思维：处理伦理问题 /189

第七章　继续哲学探究之旅 /193

传统的儿童哲学探究是怎样的？ /194

开始探究 /195

探究概念 /200

提问 /202

对话 /207

让儿童来做促进者 /208

结束与评估 /209

第八章　图画书里的儿童哲学 /211

藏在图画书里的世界 /212

案例研究 /219

图画书资源 /276

第九章　促进生命成长的思考 /285

家庭中的思考 /286

给家长的哲学探究建议 /287

分享哲学家庭作业 /290

介绍哲学日志 /299

参考文献 /309

探究材料 /311

导　言

对哲学思考与学习的早期态度

哲学教学

公民与批判性思考者

让孩子发出自己的声音

早期基础教育体系中的儿童哲学

基于环境的儿童哲学技能

对哲学思考与学习的早期态度

儿童哲学（Philosophy for Children，简称 P4C）在本书中指的是将哲学思考引入儿童课程的方法。我们所有人的内心深处都住着一位哲学家。哲学是思考、推理以及进行有效论证和反驳的工具。

在人生中的不同时期，我们都会进行哲学思考，并且随着我们的成长，进行的哲学思考或许会越来越多。因为我们想要了解我们的存在、我们的关系、我们所处的社会以及这广阔的世界。哲学就是去提出重要的问题，并尝试证明我们答案的合理性。哲学是关于提问的，是关于对与我们现在、过去乃至未来的生活相关的理论进行质疑的。成年人和孩子一样都有天生的好奇心，都想弄明白我们周围的世界发生了什么、是怎样发生的以及为什么会发生。儿童哲学方法为鼓励孩子们解锁好奇心提供了一种实用、可行又让人兴奋的方法。通过教授孩子们哲学技能，我们就能够提供给他们一种用来进行真正探究的工具。

向幼儿介绍儿童哲学的目的在于营造一种氛围，让独立思考成为一种常规。学前阶段不仅可以玩、交朋友、乱涂乱画和捏橡皮泥，还可以谈论、倾听和思考一些麻烦的事情。我们希望父母们不仅会问"今天你做了什么"，也要关心"你听到了什么、说了什么和想了什么"。

本书就是让教师和家长利用试验和测试过的游戏、思考场景和活动，来营造这样的氛围。同时本书也详细说明了如何构建从第一次观察游戏、讲故事到使用图画书进行完整探究的哲学思考框架。每章最后都会给出一些问题或陈述，用于进行个人反思。不管是课堂上的教师还是将要从事儿童工作的哲学家，都需要问问自己这些问题。通过思考和使用这些想法，就能营造和发展出一种合适的教学环境，在这个环境中，书、哲学冒险和讲故事都是至关重要的。

儿童文学是我在教学生涯中最先投入热情的内容。当我第一次给 5 岁孩子上课时，我意识到，书籍不仅对孩子的创造性、社交和情感教育至关重要，而且还带来了很多悬而未决的问题。书籍有一种力量，能够帮助孩子去理解世界。这些书成了帮助孩子们从具体扩展到抽象的工具，儿童哲学也成了我们的工具，帮助我们理解为何存在这些问题。

在本书中，我使用了不同年龄段（包括 3—5 岁早期教育阶段、7—11 岁小学阶段）儿童的词语、想法和问题，来强调他们的语言、经验以及概念理解的发展。我把他们说的原话完整地记录了下来，以确保孩子的性格、个性和精确的意思，是对他们的游戏和所进行的哲学思考的真实表现。作为促进者，我们要让这些词语始终保持孩子的原样，而不经成年人的"翻译"，这是十分重要的。

孩子们的对话实例构成了本书的主体部分。这些例子展示的是孩子们的想法、促进者（你）的干预措施以及可用于鼓励他们进行哲学讨论的更多资源。

教室里最令人兴奋的，就是孩子们的"叽叽喳喳"声了。有了好奇心以及参与学习的氛围，孩子们就能形成自己的思想和观点，他们的声音不但会被倾听、被尊重，也会遇到挑战。这就是哲学能够为教室里的学习者所做的事情。可以试想一下，在这样一个班级中，大家都乐意回答问题，都乐意提出问题，比如："如果我们和朋友交换大脑，我们会是谁？"或者"我们怎么知道睡着的时候，我们并不是都在做同样的梦？"或者"计算机是否会主宰世界？"

这是我们梦想中的教室——孩子们相互合作去解决生活中最大的哲学谜题，他们在此建立自信、学会尊重以及进行合理推理的能力。

哲学教学

儿童哲学始于20世纪60年代，由马修·李普曼（Matthew Lipman）发起。他的初衷是鼓励我们的孩子去学习推理的艺术，既要会推理，也要推理合理。这种培养儿童批判性思维能力的方法，目前已经在世界许多国家得到了实践。20世纪70年代，马修·李普曼和安·夏普（Ann Sharp）基于鼓励儿童能够并且应该进行哲学思考的信念，创立了一个名为"儿童哲学"的课程。他们受苏格拉底式对话方法的影响，即从一无所知的起点出发，通过赞同和不赞同来构建基于推理的论证。苏格拉底把这种对话方法比作"思想的助产士"。

在李普曼和夏普设计的这种课程中，孩子们被鼓励在一个探究团体中相互讨论和倾听，教师只进行引导而不能控制。李普曼撰写了一系列可用于儿童哲学课程的教材，这些教材探讨了道德、权力、爱和我们存在的本质等大问题。他还在美国蒙特克莱尔州立大学（Montclair State University）成立了儿童哲学促进中心。1992年，英国广播公司（British Broadcasting Corporation，简称BBC）基于李普曼在美国新泽西的工作拍摄了一部名为"苏格拉底与6岁孩童"（Socrates for Six-Year-Olds）的电视纪录片。这一下子使儿童哲学备受关注，荷兰哲学家、辅导顾问和教育工作者卡琳·默里斯（Karin Murris）接受了李普曼的训练。她通过使用图画书发展了李普曼的方法，这样，更年幼的孩子也能够进入到哲学中来，而教师不需要额外花费金钱和精力去寻找使用资源。据估计，如今全世界有超过50个国家在使用儿童哲学方法。

本书的工作是在卡琳·莫里斯、罗杰·萨克利夫（Roger Sutcliffe）和乔安娜·海恩斯（Joanna Haynes）的工作基础上发展而来的，我本人就接受过乔安娜·海恩斯的培训。作为一名早期教育工作者，我的工作集中在分解幼儿所需的哲学技能，以帮助他们可以完全进行哲学探究。

公民与批判性思考者

在以内容和知识为驱动的课程中，让孩子懂得如何利用所学到的知识，并对他们的答案进行深入的理解是十分重要的。

没有这种理解，知识就是没有意义的。还有什么方法比同伴之间的批判性倾听和交谈更能促进互相理解的呢？

儿童哲学让我们年幼的学习者有机会在安全的"对话"环境中倾听和交谈。开始的时候，成年人要作为促进者来促进对话，帮助他们形成自己的观点，听取他人的想法、质疑他们的理解方式。我们的目标是让孩子们成为自己的促进者。很快，他们将开始建立联系，探索意想之外的可能性。哲学氛围是形成自我尊重、自我激励、自我挑战的不可或缺的必要因素。正是通过这种全心投入和积极参与，孩子们开始听到自己的声音，并理解自己真正说的是什么。最重要的是，它实际上为解决其他问题提供了一个框架，无论是在他们的教育方面，还是在他们作为一个社会公民的更广泛经历方面。

生活中的哲学方法经常被误认为是闭门造车的。我不相信这种说法。儿童哲学对我来说，是经由激烈的辩论和论证产生的，希望你能从本书的案例中看到这一点。它给了孩子们在确凿证据基础上改变主意的机会。这是一种对理性主义的追求，不是"我认为是这样"，而是"为什么我这样认为"。

我们需要鼓励孩子变得积极、乐于回应、富有建设性、善于争论和具有创造性。儿童哲学是一种理性和人道的应对世界的方式，我们需要让我们的孩子渴望了解他们如何在复杂的世界中进行理性的思考。

让孩子发出自己的声音

早在20世纪60年代，基于李普曼的愿景，儿童哲学就被认为可以作为形成一种新的教育工具的基础，以此让孩子在学校以及生活中发出自己的声音。

哲学能够让孩子们与现实生活体验建立联系，让他们有信心去检验自己的想法和关于我们生活世界复杂性的问题。哲学的教学和学习需要孩子们对生活中的大问题保持好奇心。它是关于为孩子们进行有效推理建立基础的。总之，通过这样的方式，他们开始更多地了解自己和他们生活的世界。儿童哲学会探索一些哲学主题，如友谊、公平、权威、权力、正义、真理和知识等。课堂和户外出现的问题可能是以这样的形式开始的："为什么我的朋友不想和我一起玩？""为什么我要分享？"或者"当我感到受伤或生气时，为什么报复总是不对的？"对这些问题的回答不能是轻率而直接的"我说不行就不行"。让孩子们讨论哲学问题可以使他们学会理解和解决他们面对的问题和困境。成人有权为孩子选择一起合作的同伴吗？我们应该强迫他们把玩具让给没有玩过的孩子吗？另一个孩子的权利怎么办？也许这只是一个人玩的游戏？

应该引导和鼓励孩子们勇于提问，对游戏中的情节和行为提出质疑。比如，"为什么还没轮到我？"这个问题提出来的时候就是一个讨论公平概念的理想机会。而"他不和我一起玩"提供了一个讨论友谊和孩子个人权利的对话机会。

如果我们让孩子相互倾听，那么作为成人的我们也必须认识到自己要去倾听孩子。我们必须帮他们消除心中的畏惧，鼓励他们认真提问。我们应当保证孩子们能够在一个安全和支持性的环境中有机会把心中的想法说出来，告诉他们，在这里，他们的思考是受到重视、得到捍卫的。

本书将告诉大家，为了辅助孩子们在最初接受教育的时候该怎样学习和游戏，我们能做些什么。它将指导我们通过培养和发展孩子们所需要的技能，使他们成为探究团体中有自信、讲逻辑、富有批判性并勇于接受挑战的成员。

本书会带我们进入一段旅程，这段旅程从孩子 3 岁时的教育出发，然后陪伴他们打开学校教育和校外生活的大门。

无论孩子们从几岁开启哲学旅程，我们对他们的期望要始终如一，保持谨慎。虽然书中的活动和案例研究大都来自 3 岁的孩子，但同样也适用于任何 11 岁以下的儿童。当然，研究结论随着年龄组的不同会有所不同，但无论孩子的年龄是多大，结果都一样令人愉悦、实际可行，并且有价值。

早期基础教育体系中的儿童哲学

在早期基础教育体系（Early Years Foundation Stage，简称 EYFS）中从事儿童哲学是一项具有挑战性的工作。3—4 岁孩子的经验有限，没有足够的词汇用于表达他们的想法。因此，促进者除了教授他们哲学技能外，还必须确保有一个思维过程的公开示范。早期教育领域的一线教师会明白，幼儿需要通过团体提问、合理推理、分享想法和意见等日常行为来进入哲学。

幼儿教师可能习惯于大声提问，来促进孩子在各个领域的学习。比如，"我想知道如果……会发生什么？""为什么会这样呢？""对这件事你是怎么想的？"等这样一些问题在任何优质的早期教育环境中都是司空见惯的。

早期教育阶段的哲学会将这些提问融入孩子们的想象游戏中。这种实践方式受到薇薇安·嘉辛·佩利（Vivian Gussin Paley）的影响和激励。

> 孩子们在游戏中进行思考的时候，我不会打断他们。我们约定的做法是这样的：如果你一直解释自己的意思，那么我就一直向你说明如何

去思考你要解决的问题。

——佩利,《沃利的故事:幼儿园中的对话》
（*Wally's Stories: Conversations in the Kindergarten*）

儿童有必要从受教育的初期就开始参与哲学探究和对话过程。因为早期哲学推理模式构成了儿童哲学中较为缜密的技能的基本框架。

基于环境的儿童哲学技能

早期教育阶段的儿童哲学或者任何年龄开始这项学习的孩子都要关注如下活动：

- 调整听说能力；
- 使用讨论语言；
- 让孩子能够思考事物间的异同；
- 允许孩子质疑和挑战他们同龄人的回答；
- 让孩子投票并检验他们的想法是否前后一致；
- 鼓励孩子做选择并给出相应的有效理由；
- 鼓励孩子转换视角，为争论的两面都找找理由；
- 让孩子分享他们的思想，认识到不同的人有不同的想法；
- 帮助孩子把陈述转变为问题；
- 研究和发展对哲学概念的理解。

这些活动需要有一个令人兴奋又有效可行的刺激物。早期教育阶段的哲学应当从游戏和成年人与孩子之间的探索性对话开始。本书中开发的许多活动都是为了激励孩子以便让他们在故事和想象的背景中以一种有意义的方式参与进来。第五章"早期探究"将指导你完成这些旨在培养上述技能的早期阶段的探究。

从第一章和第二章，教师们就会发现，建立一个材料库非常实用，材料库中可以包括玩偶、童话人物、童话故事、图画书和玩具等。有了这个材料库，孩子们就能开始探索比较简单的概念，比如善与恶、对与错等。

第四章和第五章介绍了早期教育阶段的探究并鼓励孩子们在更具结构化、基于探究的环境下去描述他们的思想过程。在这个阶段，会用到一系列基本概念的图片卡和双面投票卡，这些都是很有用的资源。同样有帮助的是一组基础卡（building-block cards），用来提示孩子们他们在这节课上会用到的技能。这些卡片要做到在视觉上有吸引力、容易辨识。我们会在各章给出可复印的材料和在线下载模板，但你也或许希望自己来设计。

本书鼓励你多利用绘画的机会，让孩子们将探究过程中出现的问题和想法以故事板（storyboard）或图示的形式展现出来，并让他们按照自己的意愿把这些思考图展示和分享给家长或照料人。

最终，这些早期哲学训练的踏脚石和基于此的技能会获得回报。对这些技能的强化和自信应用，会让孩子们在生活中变得讲究逻辑、学会理解和推理。

本书旨在激励你作为促进者与自己班上的孩子们开展探究活动。在案例研究中，我们不会过多分析发生了什么以及为什么会发生，而是要帮助你自己思考对话中发生了什么。通过倾听孩子们的真实言语，再把他们的话连在一起考虑，我们可以想象自己班上的孩子会发出什么声音。

重要的是，我们认识到，儿童哲学不仅是一种教育理论，也能够产生真正的、实际的效果。作为教师，我们需要意识到自己班上的孩子可能会怎样，并被激励着将自己班上的孩子代入书中的实例。

第一章
从游戏开始

为什么哲学要从游戏开始?

在游戏中解决冲突

在角色扮演中解决冲突

幼儿园中常见的自说自话

儿童何时停止游戏?

为什么哲学要从游戏开始？

我们首先来看儿童游戏的形式。游戏有很多形式，从尝试性的探索到全方位的冒险。孩子们的游戏包含和巩固了他们所知道的一切，以及很多他们还不了解的东西。他们知道家庭生活中有爱和关心，也有冲突。他们知道怪兽可能是真的。他们的游戏不但有日常经验的重现，也有很多天马行空的想象。刚才还在买东西，一眨眼就变成了与恶龙决斗。

在幼儿的头脑中，现实和幻想难以区分，"我知道什么？"和"我想什么？"不可救药地交织在一起。

孩子打开了通往游戏世界的大门，在那里，任何可能的事都要打个问号。

如果大灰狼能够吹倒三只小猪的房子，为什么我不能把好朋友的积木房子推倒？

如果成年人不去花时间琢磨教室里发生的争执的原因，那么也就没有办法交流解决潜在问题的办法。当我们用故事的形式来展示推倒积木问题时，我们让孩子评判的是大灰狼，而不是别的孩子。但是，所有的孩子都会遇到类似的问题，都在探索游戏的道德结果。我们正在做的就是帮助孩子们重建他们的想象与现实世界的连接。

所有哺乳动物在小的时候都会进行游戏，这种游戏是为了将来的群居生活和生存而进行的。我们的世界有时候似乎不再认为玩游戏是必要的。这是不是因为如果我们没有认真地对待游戏，游戏就会变得"幼稚"呢？如果我们让自己进入儿童的游戏世界，就能用游戏来表达自己的本性：去弄明白人类行为、需求和情感交织而成的复杂迷宫。

就像狮子的幼崽练习突袭一样，我们的孩子正在练习的是道德和伦理问题——想想行为的后果：谁是最强的？谁是合理的？仅仅因为你能做什么，就意味着你应该这么做吗？

孩子们不一定能意识到这一点，除非用他们已经知道或者理解的方式告诉他们。

对于一个总是犯错的孩子，我们花点时间去了解他的游戏，就不会再给他贴上不必要的甚至破坏性的标签了。当我们邀请孩子们一起来玩游戏时，能够让他们形成整体的互动以及对整个行为过程的理解。在我的课堂上，有许多场合需要成人进行干预，有时成人要给出一些处理冲突的工具。我们会在语言上为他们做出示范，例如，"不好意思，我还没有玩好。"或者"等你不玩了，我能玩这个吗？"这两句都是为了解决分享玩具的情况。但是，还有更复杂的情况等着我们去寻找解决方法。例如，我们如何面对一个小组不允许某个孩子一起玩？或者如果某些孩子的行为导致另一个孩子不能忍受，在这种情况下该怎么办？某个孩子在游戏中权力过大或者权力不足会怎么样？

有时需要成人插手去干预游戏，有时也要允许孩子通过其他人的所见、所感去观察游戏。

在游戏中解决冲突

情境：问好时间有一个孩子拒绝说"你好"

波皮：詹姆斯为什么不说"你好"？

促进者：不如你去问问他。

波皮：你为什么不说"你好"？你不说，我很难过。

霍莉：不说"你好"就不能做朋友。

萨拉：你可以坐这里。

詹姆斯：不，我不喜欢你。

促进者：告诉詹姆斯你的感受如何。

萨拉：难过。

促进者：你觉得詹姆斯应当道歉并改正，还是坐到咱们的圆圈外面去待一会儿？

波皮：去待一会儿。

米莉：但是，我们还是想让他开心。

促进者：那该怎么做呢？

萨拉：只要他跟我道歉。

杰茜卡：詹姆斯可以假装成萨拉。

西布莉：没错，萨拉应当让詹姆斯变成她，然后詹姆斯就会像萨拉一样难过了。或许哪一天我们能够把他打扮成萨拉？

瑞安：只要穿上别人的衣服，就变成别人了。

促进者：真的是这样吗？如果你穿上道森老师的衣服，你就变成道森老师了吗？

瑞安：是的。

促进者：詹姆斯，你愿意成为萨拉吗？

詹姆斯：不愿意，我觉得不好。

促进者：如果你跟我们说你很难过，我们会帮助你的，是不是？

詹姆斯：好吧——对不起，萨拉。

促进者：现在你准备好说"你好"了吗？

詹姆斯：嗯！你好。

（全班孩子一起对詹姆斯说"你好"。）

情境：我想要美人鱼礼服，我要穿

（我正陪着一组孩子活动的时候，忽然听到利亚姆对苏菲说"对不起，对不起"。）

（苏菲飞跑着从我身边经过的时候，我拦住了她，不让她继续跑，但她还是心烦意乱。当我坐在她旁边问她刚刚发生了什么时，利亚姆走了过来。）

利亚姆：我说了对不起。

促进者：怎么回事？你为什么说对不起？

利亚姆：因为我说她调皮，抢了霍莉的美人鱼礼服，这是不对的！

促进者：霍莉正穿着美人鱼礼服的时候吗？

苏菲：是的。

促进者：那你是怎么做的？

利亚姆：我对她说，应当先问一下，"等你不穿了，我能不能穿这套礼服？"

促进者：利亚姆说得对不对？你觉得应当说对不起的是他还是你？

苏菲：我。

促进者：对谁呢？

苏菲：霍莉。

促进者：或许，你也能够对利亚姆说谢谢，因为他帮你想到了正确的选择。

苏菲：谢谢。

（然后苏菲把衣服还给了霍莉。过了3分钟后，苏菲又来找我。）

苏菲：霍莉已经不穿美人鱼礼服了，现在我穿上啦！

上述两个处理冲突的例子都说明，即使面对 3 岁的孩子，我们也必须鼓励他们不仅要为自己的行为承担责任，而且要理解自己的行为对他人的影响。这种社会责任是哲学思维发展的一个关键领域。为了使幼儿能够加入团体探究，他们必须理解行为和结果之间的联系。给予时间来解决冲突而不是仓促让冲突过去，有助于培养一种集体责任感，鼓励孩子们不要相互"喋喋不休"地争吵，而是要一起找到原因以及解决办法。这两个例子都表明，孩子们觉得应当以公平和关爱的方式来解决问题——这是在未来哲学对话中进行合理论证时必要的品质。

他们不分享

一个孩子找到我，抱怨说故事区有一个孩子没有分享童话角色。

我问他是不是需要帮助才能解决。

他们回答是的。

我们解决了这个问题，双方又可以和睦地继续游戏了。然而，我想知道这是否是其中一个女孩想要的结果，我决定向全班同学介绍这一情况。

我请孩子们思考以下这样一个问题。

促进者：在幼儿园里我们能自己玩吗？

（大家纷纷喊道："不，我们要和好朋友一起玩。"）

促进者：是不是所有的游戏都得好几个小朋友一起玩，不止一个人？

埃拉：如果我们想自己玩，我们就会说你能够玩。

促进者：那如果这是只能一个人玩的游戏，你要停下来吗？

波皮：不行，这样对你不公平。

西布莉：如果你玩完了自己的游戏，那就能够和别人一起玩了。

霍莉：有时候爸爸妈妈不和你玩，他们让你回到自己的房间让你自己跟自己玩。

促进者：自己玩好不好？

波皮：好，我都自己玩。

促进者：如果我看到你自己在玩，然后我让你和别人一起玩，你觉得这样公平吗？

西布莉：我不喜欢。

米莉：但是我觉得公平，因为你真的得去玩，要不然你的朋友会生气的。

哈里：我觉得既对也不对，因为有时候你想自己玩，有时候又不想自己玩。

促进者：如果我们有一条规则，规定你必须和某个人一起玩，即使他们不是你的朋友，怎么样？

米莉：但是在幼儿园里我们都是朋友。

促进者：现在我们在幼儿园里。但是假如在别的地方，比如公园里，如果有你不认识的小朋友，他们有点调皮呢？

瑞安：不。你不会喜欢跟调皮的小孩玩的。

霍莉：我会和他们玩，这样就认识了，就成为朋友了。

亨利：我要让他们走开，要不然就告诉我妈妈，他们就有大麻烦了。

米莉：我愿意让他们变好。

促进者：你会怎么做？

米莉：我不知道。

促进者：你能让别人变得友好吗？

波皮：能，就让他们哈哈笑起来就好了。

这个对话说明，孩子们被教导的正确行为与他们自己的感受常常是不一样的。成年人总是想早早地把对错观灌输给孩子。幼儿的感知是非常敏锐的，他们知道哪些是应当做的，尽管有时那样做看起来并不公平。在这个例子中，儿童展现出的是一种正在形成的意识和理解，即论证有正反两面。我们必须让别人来玩我们自己的游戏吗？作为成年人，我们应当强迫孩子面对这种状况吗？让孩子们来讨论这个问题，教他们在不引起冲突的前提下，向其他孩子解释他们的喜好和理由，是不是一定会更有效果？

早期基础教育体系几乎完全建立在游戏构建知识的理解之上。在游戏中，儿童通过扮演去了解他们所经历的世界。在早期教育阶段，游戏可以帮助儿童与和他们一起参与游戏的成人建立更多的信任，因为孩子们能感到他们的游戏受到了重视。如果一个成人在游戏中给出鼓励、提出清晰的想法，并以真正感兴趣的态度提出开放式问题，就能支持和扩展儿童发展不同的思维方式。这种对角色扮演和游戏对话背后含义的探索，使得孩子们能够与他们常见的抽象故事情节建立具体的联系。

在我们班上，所有游戏对话都由一位成人记录下来。但成人在游戏中只是一个沉默的旁观者，尽可能不打断游戏过程。游戏之后，在故事时间，大家一起分享记录的内容，这时候更有意义。先读出记录下来的对话，然后让大家提问题。比如："如果……会怎样？""为什么××会生气？""事情为什么会这样？"

班上的孩子会评论他们的游戏情节。他们对自己的行为和语言都会给出自己的理由。观察者现在也就成为了促进者，向孩子示范怎么表达想理解游戏是如何玩的。在讲述儿童角色扮演的故事的过程中，我们通过成人促进者的角色带大家探讨一些主题，比如权力、真理、魔法、友谊、平等、正义、好与坏、真与假等。

孩子们开始看到的不仅仅是假装成某人或做某事的联系，还有为什么会出现这些问题以及这些问题与他们可能遇到的真实体验之间的联系。理解游戏也是带着真实目的进行的。即将给出的都是角色扮演情境和故事的一些例子，以及这些情境是如何通过成人和同伴的提问、探究以及对话得到发展的。

在角色扮演中解决冲突

我听老师们说过这样的情况，不允许某些孩子玩角色扮演，有时候会关闭角色扮演区，甚至有过根本不让某个孩子进教室的情况。这通常是因为"孩子们没有好好玩""引起了太多争吵"或者"没那么多时间去解决他们之间的冲突"等。

在游戏过程中，老师和孩子们也经常会觉得很沮丧，这往往会导致一些冲突。在游戏过程中，公平问题最常出现，谁来决定游戏怎么玩？为什么它没有按照不同孩子的想法去进行？角色怎么分配？为什么男孩们把道具当成武器？另外，如何商量，为什么商量不好？但是，如果不让孩子们经历冲突，也就不能让他们学会通过做出道德选择来进行探索和学习。我们应该让孩子从很小的时候就学着为他们自己的行为负责。不顾后果的游戏会阻碍情感学习。当孩子积极投入学习和进行情感学习时，游戏是最有力的。重要的是让他们学会想象的游戏会有想象的后果。这就是为什么记录对话并与孩子们分享能够推动角色扮演游戏的效果。通过对角色扮演中的角色扮演和冲突的讨论与探究，孩子们开始在道德上对他们的行为负起责任。我们一起问："这为什么会发生？""这样做可以吗？"通过这种探究，我们让孩子们意识到了他们在角色扮演中的道德行为。

城堡与地牢角色扮演区

一小组孩子正在城堡角色扮演区进行游戏。埃拉走过来告诉我说，城堡里有的人太傻了。

埃拉：他们肯定不是海盗。

（我跟她一起走过去，问孩子们他们知不知道如何赶走海盗。）

埃拉：把他们关在一个真的大柜子里。

德米：不行，应该把他们关进真的监狱（孩子们从一开始就在城堡里设计并搭建了一个地牢）。

肯尼迪：这样的话，你就是讨厌的海盗。

泰勒：告诉他们走开，就说你是讨厌的海盗。

德米：我是坏蛋。

泰勒：我是个好骑士。

肖娜：我是公主。

肯尼迪：我是国王。

肯尼迪：哦，不，骑士会杀了她的。国王的王冠在哪里？没有王冠怎么能当国王呢？你得到王冠，才能让大家听你的。

泰勒：王冠太大了。

肯尼迪：快来，我们把所有财宝都偷走……不行，你不能到我们城堡里来。

德米：哈哈，那我带你到我们海盗船上去。别去城堡那里，到我这里来，因为我是个好的海盗，这里有个非常棒的床……哈哈哈，我抓到你啦！

德米：我是女王陛下。

肯尼迪：我还以为你是个海盗。

德米：我是女王，后来变成了海盗。

肯尼迪：斯坦利老师，我们被困住了，德米抓了我们。

德米：我是个海盗，他们就是这么做的。

埃拉：王后，你能把我也假扮成强盗吗？一个仙女海盗？

杰茜卡：谁是拯救者？你需要一个帮手，别拉门，会打破的！

肯尼迪：但是，我们怎么能逃出地牢呢？

埃拉：我不知道，我们能出去吗？

杰茜卡：去帮埃拉。

德米：喝水，我要去做个毒药，让他们喝。

杰茜卡：我觉得这个游戏不好玩。太坏了。我奶奶住在伦敦，她可不喜欢电视上那些吓人的游戏，她只喜欢看足球。

肯尼迪：救命，救命，越来越冷啦。

泰勒：停，你们还好吗？

肯尼迪：求求你们，我们现在可以出去了吗？

德米：不行，快进去。

肯尼迪：不，现在她是海盗的王。

德米：这是你们的晚饭，快吃吧，很美味。

肖娜：你必须喝掉，谁也不能出去。

肯尼迪：那我们在地牢里怎么睡觉呢？我的斗篷该放哪里呢？

肖娜：德米，给我一些假装的茶。

埃拉：快出来，肯尼迪。我们不再进去了，我们得救了，调皮的仙女放我出来的。

德米：肖娜，快帮我，别把门关紧。

肖娜：警察来了，来接他们两个双胞胎的，他们说"你们好，我们是999[1]警察"。

德米（对肖娜说）：你当国王，你戴王冠吧。

肖娜：太大了，我戴不了。

杰茜卡：我把他们放出来。

肯尼迪：我们可以在故事时间去草地上吗？

肯尼迪：是啊……这里每个人都令人讨厌吗？我到后面的花园去玩好不好，国王？

德米：不，只能在这里玩——我收到一封信，上面说"寄自德米"。

---

[1] 英国紧急报警电话，中国报警电话是110。——译者注

埃拉：我能穿仙女的衣服了吗？

德米：不行，那是我的，要不我穿这个大号的？

肯尼迪：好，你有个大王冠，你可以做仙女教母。

德米：看这个镜子。

肯尼迪：那里一个人都没有。

肯尼迪：我好累啊，妈妈，我可以去睡了吗？

德米：好，我得给你拿个枕头。

肯尼迪：不，不是那一个，太粗糙了。

肯尼迪：哦，天快亮了，快一点。

跟孩子们分享了这段对话后，他们最强烈的反应是德米有些苛刻。我问孩子们他们为什么会这样认为。

祖德：因为她在控制。

促进者：那是什么意思？

杰茜卡：就是说，这成了她的游戏，她来控制游戏怎么玩。

埃拉：她就是在耍把戏。

促进者：她耍什么把戏了？

克洛艾：比如她给他们下毒，还把他们锁进地牢里。

波皮：那样做可不友好。

促进者：为什么别人允许她做这些呢？

肯尼迪：因为这是个游戏，玩的时候，你们必须做人们告诉你的事情。

促进者：每个人都同意这个想法吗？

克洛艾：不是的，我觉得你可以玩自己的游戏，走开就行了。

亨利：但是，如果你被关在地牢里，该怎么办啊？

埃拉：那你就说放我出去。

促进者：关进地牢是不是也是游戏的一部分？

肯尼迪：是的，如果你还戴着王冠；要是没有戴王冠了，那就喊"放我出去"。

促进者：如果是这样，那就是说，在游戏里有点苛刻也没关系？

（不同的回答。）

巴迪：我觉得没关系，但是不能太苛刻。

杰茜卡：如果这是一个游戏，那你就说可以，我可以苛刻。

波皮：你不能伤害别人。

埃拉：有时候玩的时候别人伤害到我，我就会哭。

促进者：人们可能会忘了他们在玩游戏吗？

德米：玩的时候，你没准就会伤害到别人，可是那不是你的错。

肯尼迪：是的，那是因为你是假装的。

促进者：所以，如果是在游戏里面，苛刻一点是允许的？

（再一次，回答很不同。）

杰玛：不，因为我们不能伤害别人。

巴迪：但是如果他们玩得不对，你就会需要这个王冠，就不用请求他们了。

克洛艾：苛刻的人才不会求人，他们直接把门推倒。

巴迪：要是你戴着王冠，把门推倒就没关系，要是王冠太大你戴不了或者还没轮到你，那可就不好了。

促进者：谁来决定游戏中谁当苛刻的人呢？

克洛艾：谁说是就是。

埃拉：如果你是坏人，那么你就先当坏人，如果你现在是好人，你就问能不能让我当坏人。

德米：这么玩就不好玩了，因为好人就是好人，他们才不坏。

促进者：坏人能变成好人吗？

巴迪：只要他们说对不起就能。

上述对话让孩子集中关注的是游戏与现实之间的界线问题。大多数3岁左右的孩子已经知道伤害行为是不能接受的，但对于"游戏是否就能算作真实生活"这个问题仍然存在一个明显的二分。这是不是因为他们把自己的角色看得太认真了？

幼儿园中常见的自说自话

真的我去哪儿了？

幼儿发展中最明显的方面就是其自我意识的发展。早期教育阶段是探索与发现的阶段："我是谁？""你是谁""什么是真的？""什么是假的？"对于这些问题，他们的头脑里每天都会有反反复复不同的答案。

下面这则简短的对话，发生在4个3岁孩子进行装扮游戏的过程中。他们正在探索真实的自己与穿上道具服装后创造的角色是不是同一个人。

肯尼迪：真的我去哪了？我把她弄丢了。

杰茜卡：我让她消失了，我是一个调皮的仙女。

肯尼迪：她是谁？我不再是肯尼迪了，我是贝拉公主。

埃拉：我是白雪公主，埃拉不见了，真的埃拉跑走了。

杰茜卡：是我让你们都消失了（边说边咯咯笑）。

肯尼迪：我得找到真的肯尼迪，我很担心……我再也找不到爸爸了。

（肯尼迪换下她的公主服装。）

肯尼迪：我回来啦，我还是我！

（埃拉也这样做了。）

埃拉：是的，又是我了！

埃拉：哦，泰勒不见了。

杰茜卡：不管是谁不见了，真是神奇的一天！

（快放学的时候，我把这段对话当成故事念给孩子们听。）

促进者：你们说肯尼迪真的消失了吗？

苏菲：我觉得消失了，因为她已经是个公主了。肯尼迪不能既是公主又是个小女孩啊？

促进者：如果你装扮成别人，你还是你吗？

肯尼迪：不是了，因为那样你就不能玩游戏了。

波皮：能够玩啊，因为你只不过是打扮了一下。衣服下还是她自己，难道不是吗？

克洛艾：但是她说起话来像个公主。

促进者：那么装扮成公主后，女孩们去哪了？

泰勒：她们就在屋子里。

肯尼迪：是的，我们和杰茜卡就坐在地毯上，对吧？

杰茜卡：是啊，我们在这里，可是我爸爸不见了。

肖娜：或许你也不见了呢？

杰茜卡：好吧，我觉得我不见了。

肖娜：要是这样的话，不要再穿贝拉公主的衣服就是你了。

这些孩子在这里探索的是同一性的本质。也就是说，当你在游戏中扮演别人时，你还是你自己吗？装扮游戏对于探索我们是谁这个问题至关重要，但是，关于哲学意义上的同一性观点，它能告诉我们什么呢？

班上有个孩子总是带着她想象中的朋友来幼儿园，这些朋友有达达（Dap-Dap）、波波（Bor-Bor）、凯蒂猫（Katy Cat）和弗雷泽熊（Fraser Bear）。她刚来幼儿园的前几个月，会经常提到这些角色以及它们的各种趣事。我在这里记录了她与两个想象中的朋友进行的游戏：

波皮：我把老虎关在笼子里面，因为它老在我肚子上跳来跳去，我肚子里可有个宝宝啊。

宝宝在肚子里待了八年了，再有一分钟他就出来了——在医院就会出来。我的朋友中有一个可以是医生，达达怎么样？我先躺下，假装他们把我的肚子划开。那个女士能够当我的宝宝。把她装到我肚子里，"快看我的宝宝！"我当妈妈啦！我得给她做尿布。她要拉臭臭了，哎呀！——我可不喜欢臭臭，除非是在厕所，对吧？弗雷泽熊没有朋友了，我把它们都放在柜子里了，"因为他总是锤它们的头。"

孩子们早就习惯了波皮的行为，她提到的那些想象中的朋友，也已经被大家接受了。事实上，除了波皮，很多孩子来幼儿园的时候也会带着这样"特殊"的玩具。我想知道的是，孩子们是不是真的明白想象与现实之间的差别。我以埃莉——米莉每天带到幼儿园的一个特别的玩具小象——为例来说说这个问题。

我把上述对话读给全班听，并问他们是不是任何人都能看到和波皮一起玩的想象中的朋友。

多数还是回答说"不是的"。

波皮：那是因为只有我能看到他们。

促进者：那我们怎样才能知道他们的样子呢？

波皮：我能够告诉你们他们的样子，或者我画给你们看吧。

促进者：你能用相机给他们拍照吗？

波皮：能。

促进者：大家都这么觉得吗，有没有人有不一样的想法？

杰茜卡：我觉得你拍不了照片，因为我们根本看不到他们。除非他们是一幅画，我们才能看到。

促进者：所以，你的意思是画是真实的，对吗？

米莉：是的，那是真的画，而且就是波皮的朋友们。

哈里：不是的，纸上的不是真的，只是一个画。

促进者：要是这样，波皮的朋友怎么说话呢？

米莉：用嘴说话。

促进者：要是他们不是真实的，他们会有嘴吗？

西布莉：不会。

促进者：米莉，你的埃莉会说话吗？

米莉：嗯，我能够和埃莉说话，她也能跟我说话。

促进者：我们每个人都能听到埃莉的声音吗？

米莉：不行，只有我妈妈能听见，我姐姐都听不到。

促进者：我们能看到埃莉，但看不到达达，他们都是真实的吗？

米莉：不，只有埃莉是真的。

波皮：不，达达是真的，他特别调皮，他很快要去非洲了，我们就再也看不到他了。

促进者：他到了非洲还是真的吗？

波皮：是真的，但他要死了，所以我们再也看不到他了。

关于勇气的问题也是幼儿园里经常被提及的问题。孩子们开始意识到，在他们生活的世界里有危险的因素。孩子们经常在故事里特别是童话故事里寻找克服焦虑的办法。教室里有一个故事区，孩子们在那里能进入童话故事中的角色。这个区域特别受欢迎，孩子们在那里战胜了恐惧，展示了勇气。

什么是勇敢？

（一组孩子正在玩童话游戏。）

凯尔茜：你好，我是个可怕的大灰狼。

露西：你好，我是个可怕的小红帽。

克洛艾：你好，我是个善良的小猪。

杰茜卡：哇，太好吃了，我是个大灰狼。

凯尔茜：救命啊，外面有个大灰狼，哼哼哼，救命，救命。

露西：勇敢一点，小猪猪，勇

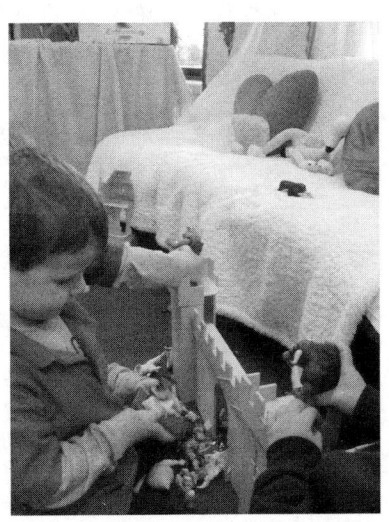

敢些。

克洛艾：快，怪兽来了。

露西：喂，喂，我是小红帽。别吓我，我胆子小。

（我给孩子们读了这个游戏场景，请他们思考该如何帮助小红帽勇敢起来。）

促进者：你们觉得勇敢是什么意思？

杰茜卡：我觉得勇敢就是身体伸展开来。

米莉：不是，我认为是我们什么都不怕的时候就是勇敢。

哈里：只要别再想大灰狼就好了，反正我要赶紧逃跑。

促进者：你认为那就是勇敢了吗？

西布莉：不是，我觉得要是你能杀死大灰狼，那才是勇敢。

哈里：看迪斯尼动画片的时候，我挺勇敢的。3岁的时候我不敢看，但是现在我什么也不怕了。

米莉：我捂上眼睛，流眼泪了。我真的不喜欢他们，但是我还是很勇敢。

杰茜卡：看牙医的时候我很勇敢，然后就得到了一个小贴纸，但是我没有吃药。

促进者：那么，你是因为什么得到了小贴纸呢？

杰茜卡：我也不知道。

促进者：得到贴纸之后你变勇敢了吗？

哈里：不可能，你要是什么都没做，肯定不会得到小贴纸，除非做了点什么。

波皮：就像在图书馆那样。

米莉：是的，在医生那里也是。

凯尔茜：我打完针后就得到了一个小贴纸。

西布莉：我也是，我很勇敢。

促进者：那么，勇敢是什么意思？

西布莉：我忍着不哭，而且真的没哭。

促进者：所以医生给了你贴纸？

西布莉：对。

促进者：要是你没忍住，哭了，还勇敢吗？

西布莉：那也很勇敢，因为打针真的很疼，再说就是小小地哭了一下。

促进者：如果你不勇敢，你会做些什么？

西布莉：我不让医生给我打针，我会哭着跑掉。

米莉：你妈妈会把你拦住的。

促进者：西布莉，你说的勇敢就是允许医生给你打针，是吧？

西布莉：是的！

哈里：我摔倒的时候很勇敢。

祖德：我长大一些会很勇敢，长到我爸爸那么大。

泰勒：史努比不勇敢，它看到幽灵就跑了，要是一个人像史努比那样做就不勇敢。

霍莉：我有一次去猎熊，我特别勇敢，一点都不怕熊。

促进者：你怕什么东西吗？

霍莉：怕怪兽。

促进者：为什么大家都怕怪兽？

米莉：因为怪兽会吼叫，但是我们却看不到它们。

促进者：我想知道是不是我们看到的东西比我们看不到的东西更可怕呢？

上面的对话显示了他们对勇敢的感知是如何在真实世界与想象世界之间无缝对接的。如果孩子们还不知道什么是真实的，那么他们又如何能想象出他们会对一个虚构的生物或者情境做出什么反应呢？让孩子们分享他们觉得可怕的事情能够带来新的思考、观点，并且总是能让他们安心。重要的是，他们对情绪的先天理解，以及在这个例子中对恐惧的理解并不局限于真实的场景。如果我们低估了想象导致恐惧的作用，那么我们就不能教给他们在现实世界中应对困难情绪的方法。在小红帽的游戏中，当孩子表现小红帽遇到大灰狼的情景时，我们要给他们机会让他们去排练在大灰狼的世界里关于恐惧和勇气的感受。

当孩子们在3岁进入幼儿园时，他们的父母会告诉他们在幼儿园会交到很多朋友。一般来说，父母主要关注的是"孩子有没有交到朋友"。对这个阶段的孩子而言，很少有"没有朋友"的，因为他们大多是一起玩的。但是，他们之间并没有形成父母所理解的那种朋友关系。在成长的过程中，幼儿仍然喜欢观察游戏和独自玩游戏，但这并不是说他们不合群或者"没有朋友"。这个阶段所谓的"朋友"通常指的是广义的"日常游戏中遇到的孩子"。要是孩子觉得别人玩得不对，他们就会说"我再也不跟你当朋友了"。相反，如果孩子们一起玩得着了迷，他们会说"你是我最好的朋友"。在一次游戏过程中，孩子们一会儿变成最好的朋友，一会儿又不当最好的朋友了，一会儿这几个是最好的朋友，一会儿那几个又成了最好的朋友，反反复复好多次。有些孩子尚未理解"朋友"这个词，他们对于是不是朋友感到迷惑，甚至经常理解反了，所以他们会问"你是我的朋友吗？"这样的问题。作为儿童思维的促进者，我发现，在幼儿园的3—5个学期中，朋友关系是儿童成长、学习和成熟过程中最常见的主题之一。我们的研究旨在使这个"词语"成为营养丰富的沃土，去促进儿童讨论人们应该如何处理人际关系以及自己应该如何表现。

朋友有什么用？

情境信息：三个孩子正坐在桌边把扣子分别放进小盒子里。

  波皮：我家里有很多扣子。

  泰勒：你家住得近吗？

  波皮：很近，你想去我家吗？

  泰勒：想。

  波皮：你来我家吧，能够玩扣子，给它们分分类。让我爸爸做饭。

  泰勒：好啊。

（另一个孩子米莉也来到桌子旁一起玩。）

  米莉：看我做了什么。

  泰勒：哇，你写了很多呀。

  米莉：是啊，我很努力。

  波皮：我也很努力。我去上芭蕾课，我帮妈妈收拾东西，很无聊但我还是做了。

  米莉：波皮，你能帮我来装扣子吗？

  波皮：好，朋友就是用来做这些的。

我把上面这段对话读出来给大家听，特别是对于波皮最后说的"朋友就是用来做这些的"，我问孩子们是否知道这句话的意思。

霍莉：我有个很好的朋友，她会和我分享。

凯尔茜：那就会让你很开心。

莎娜：你们能够一起玩。

促进者：如果他们不和你一起玩，会怎么样？

祖德：有时候，我的朋友和别人玩，我就很难过。

西布莉：我觉得，有些人对你不好，那他们就不是你的朋友。

米莉：要是你的朋友不友好，你就挠他们。

波皮：如果他们不玩游戏，那他们就不是非要和你玩。（停了一下）只是有时候是这样。

凯尔茜：他们不是总和你玩。

哈里：我觉得你的朋友有可能和你吵架，但他们明天还是你的朋友。

霍莉：可是这样会很难过。

米莉：我有一个朋友是别的幼儿园的，我只是有时候才能见到他。

促进者：如果你不能经常和他们一起玩，那是什么让你觉得他们还是你的朋友呢？

米莉：我想是我的心告诉我她是我的朋友。

波皮：我觉得我的大脑里有一颗心，是它让我去爱谁，告诉我谁是我的朋友。

促进者：所以，如果你的朋友搬到很远的地方，他们还是会在你的心里，是吗？

波皮：我想是的，如果你希望他们就在那里。

促进者：如果他们对你不好了，你决定不再喜欢他们了，会怎么样？

泰勒：我想他们就不在我的心里了。

米莉：不对，我觉得他们还是会在那儿，就像你妈妈那样。

波皮：可是我还是小宝宝的时候我就有一个朋友，但是我现在想不起来是谁了。

促进者：所以，你们是否知道朋友是做什么用的？是我们来选择朋友吗？

米莉：有时候是他们选择我们。

西布莉：或者妈妈说，你必须和他做朋友。

促进者：在幼儿园里呢？我们必须做朋友吗？

霍莉：是的，因为学校就是这样的，我们必须是朋友。

促进者：我跟你们说过要让你们做朋友吗？

全班（喊）：没有。

米莉：但是我们喜欢做朋友。

促进者：那么是你自己选择的？

米莉（和其他几个孩子）：是的。

促进者：那么你们怎样来确定谁来参加你们的派对呢？

凯尔茜：只叫最好的朋友，不能朋友都来，要不然人就太多了。

促进者：最好的朋友之间有什么不一样吗？

波皮：他们到你家来喝茶。

米莉：你也要穿上好看的礼服，比如那条红色的。

杰茜卡：瑞安是我的朋友，但是他不穿礼服。

（大家哈哈大笑起来。）

促进者：或许我们应该多讲几个关于朋友的故事，来帮助我们更好地理解朋友的意义。

所有人：好。

上面的对话表明，孩子们已经理解友谊也有很多种。他们意识到了与别人的类同关系，比如"我们穿着同样的衣服"，知道只有最好的朋友才能一起吃下午茶、被邀请参加聚会。这个对话还传达出这样一个观念，即友谊是神秘的。孩子们分享了许多他们在幼儿园的经历和关系，他们理解了友谊的必要性。很明显，他们还找不到恰当的词语去描述友谊的具体性质。但是，他们似乎知道友谊的"感觉"。他们提到了悲伤和快乐的情绪，并且很想知道到底是心还是大脑使友谊成为现实。这些观念明显是哲学二元论的早期应用。

儿童何时停止游戏？

一个孩子何时停止游戏？很多人会说"永远不会"。作为成人，我们仍在通过各种媒介进行探索、尝试、摸索和互动。这是为什么呢？为了乐趣吗？为了放松吗？为了理解吗？《英国国家课程标准》对于小学阶段的规定只涉及"学习"，那么，我们要给7岁以上的孩子传达怎样的信息？年龄大了就不能再玩游戏了吗？

在整个早期基础教育体系中都提到了通过成人的支持和示范并提供机会来发展孩子的思维技能，创造一个有效的学习环境，给孩子足够的时间来发展他们的想法。2012年9月实施的修订版的早期基础教育体系框架强调了孩子如何学习，而不是孩子应该学什么。在2011年3月关于早期基础教育体系框架修订的建议指南中，达姆·克莱尔·蒂克尔（Dame Clare Tickell）在题为"为生活做准备，为学习做准备"一文中指出：

> 我建议，在早期基础教育体系中，应当将游戏和探索、主动学习、创造性和批判性思维作为有效教与学的三个特点加以强调。

谈到学习和发展主题时，其中的两个主要原则，即主动学习与创造性和批判性思维是持续共同思维概念的基础。

主动学习涉及他人、观点和事件的共同参与，涉及孩子的长期参与。也就是，通过与同伴以及成人进行持续的、创造性和经过深思熟虑的游戏形成共同成长的思维。这个思维过程需要假以时日才能形成，这就是为什么我们必须让年幼的孩子从很小的时候就开始参与这样的游戏。

创造性和批判性思维使孩子们能够在不同的环境中使用各种资源通过游戏来探索和分享他们的想法，确保他们能够发现联系，找到新的、更有意义的、目的明确的方式来做和理解他们周围世界的事情。达姆·克莱尔·蒂克尔在早期基础教育体系框架报告中提到，在这个过程中，成人的支持"提高了他们进行批判性思考和提问的能力"。

在早期基础教育阶段，有充足的机会可以用来促进思维技能的发展。在关于早期基础教育体系有效实施的重要文献——《游戏与探究》（*Play and Exploration*，2007）——中有这样的描述：

> 孩子需要在安全的环境下去体验犯错，他们需要机会去检验他们的观点，通过他们选择的游戏去学习……（在游戏中）他们共享经验和想法，与一起游戏和探究的其他孩子及成人交谈、思考。

幼儿园课程标准提到了角色扮演在发展读写能力方面起到的重要作用，但当孩子升入小学后，课程标准几乎不再提到游戏。值得注意的是，这个阶段的孩子仍然是小孩子，在任何文化背景中，7—11岁的孩子仍然还是孩子，他们应该享有游戏和做孩子的权利，即使在学校也应该是这样。我们的老师似乎应该对课程标准进行细致而富有创造性的理解。小学教师要记住，这个阶段的学生仍然是孩子。即使是让孩子们有机会画出他们的思维过程或者做出图示，也能在学习中加入游戏的元素。我们不要忘了即使成人也需要游戏。与我们的同伴一起进行哲学活动会让我们找回使用文字、思想、观点甚至幻想一起进行游戏的乐趣。

关于游戏性质的反思

- 我们会在几岁开始觉得游戏太幼稚？
- 我们会停止游戏吗？
- 游戏在什么时候变成了工作？
- 所有的游戏都是好的吗？
- 游戏必须有个目的吗？
- 是否存在没有想象的游戏？

第二章

讲故事与童话

从童话故事开始

让孩子来讲故事

童话的力量

使用童话故事玩偶

童话故事活动

从童话故事开始

作为儿童学习的促进者,我们必须要做的最重要的事情之一就是向儿童学习。我们需要做好准备,学会倾听孩子。我们必须以密切关注和抽离的方式来倾听他们所传达的信息。我们要密切关注他们故事的意义,关注他们如何看待自己、他们的恐惧、他们的梦想和困惑,同时我们必须从这种假设中抽离出来,即我们要知道他们这些故事或对话的意思。然后,我们可以通过倾听、敏锐地提问和验证故事的创造性和目的来帮助孩子们理解他们的故事。

孩子们是带着想象力进入学校的,他们要理解自己所面到的神秘的世界:不断变化的关系、新的朋友、新的地方、新的社会状况和不断变化的规则。作为促进者,我们必须确保抓住每一个机会来示范倾听技能。证明我们在倾听孩子的最好方法就是重复他们的话,表达出对他们的话以及为什么这么说很感兴趣。孩子把天生的编故事能力带到了幼儿园教室,但可能还不会用他们的语言来表达或者说明自己的经历以让别人理解。我们能做的就是给孩子们机会,让孩子们通过讲故事的方式学会游戏和学习。

收集童话玩具和图片等资源是很有用的,这些材料能够帮助孩子们更好地创作他们的故事。在教室里开辟一块讲故事的空间以进一步促进故事的讲述就更好了。放几轴画纸,在贴有墙纸的墙壁上留出空间,再放置一些大小不同、五颜六色、形状各异的便签本。这块空间应该是一个精心设计的舒适区域,附近有城堡、森林和海草,甚至加上一个音响来播放音乐,这样更能激发孩子的兴趣,把他们带入故事中最引人入胜的世界里。

让孩子来讲故事

讲故事是一种最纯粹的哲学探究形式。故事中交织着人性的奥秘、社会习俗和道德伦理的迷宫，当孩子们被故事中的这些内容包围着时，他们就能进行思考。更重要的是，我们正在引入的是一个媒介，一种鼓励思考和好奇的语言媒介。

打开通往故事世界的大门，能够让孩子们看到他们自己的世界和他们所讲述的故事之间的联系。但同样重要的是，这些故事不仅有背景，也有后果。没讲过的故事没法被理解，也就不能用理解来建立或发展。在课堂上使用的故事应该事先给孩子们做出介绍或讲解。故事在很多方面都是很有价值的：它是促进孩子发展和表达的工具和手段，是他们练习新单词和语言的工具，也是大声说出他们看到、感知到、梦想和恐惧的东西的手段和方法。在年幼孩子们讲的故事中，惊奇和忧虑是重要的主题。当一个孩子再现冲突的时候，他可以以一只大灰狼的思维这样做。当他需要面对愤怒或妒忌的时候，就变成了另一个角色，这个角色在遥远的另一个世界，在那里，问题都可以得到解决。讲故事一直是成年人给孩子传递信息的方法，世界是一个复杂而危险的地方，要当心大灰狼。但同样也是这个世界，我们希望孩子们在其中尽情享受欢乐和无尽的可能。

如果孩子讲故事给同伴听，他们就可以分饰故事中的角色。他们会给角色配音，配音有不同的选择，这种选择也可以通过探究对话决定。

下面给出的一些故事实例都是我的学生讲过的故事,他们曾要求我记下来在班上进行分享。这些故事大部分都受大众熟悉的、深受喜爱的书籍和童话故事的影响,但这些熟悉的东西交织在一起,给孩子们带来了一些困惑,比如,陌生世界中的古怪行为和奇怪事件需要澄清和分析。通过哲学促进活动,我们能够提出一些问题来探索生命神秘的本质。比如,为什么会发生坏事?为什么朋友如此重要?我们怎么知道什么是真的?

凯尔茜:巨龙与女巫

有一座很大的城堡,城堡的旁边住着一条巨龙、一个王子和一个公主,那条龙看起来很可怕。有一天,王子和公主要穿过一片森林,走着走着,他们没有注意到前面有一棵树倒下了,有个女巫藏在那棵树后面,女巫施展魔法抓住了公主,把她捆在树上。忽然电闪雷鸣,公主跑不掉,正在这时,巨龙来了,它救了公主,所有的魔法都消失了。这时候,国王来了,他变成了一只熊,要吃掉这条龙。公主跑进自己的房子,跑上楼,"砰"的一声把门关上,藏在床底下,哭啊哭啊。她告诉了她的父亲,然后每个人都幸福地生活下去。

肖娜:小红帽

小红帽采了一些花,她忘了要把这些花送给外婆。她想给外婆送一杯茶。小红帽说,看,好大好大好大的王后。金发姑娘想让她去看她的鸭子,但是她的鸭子们忙着吃食,所以她就问:"你想吃什么?"我想吃东西啊,你的耳朵好大呀,鳄鱼过来大声地吼叫。鳄鱼鳄鱼,你今天喝茶的时候想吃点什么?

他很想找人做朋友,但是找不到人和他做朋友,所以金发姑娘问他你想吃我吗?这时候金发姑娘迅速跳上鳄鱼背,然后睡着了。

凯尔茜:对,这是一个故事——女巫和所有童话

一天,有一个坏女巫,她特别邪恶,而且还脏兮兮的。她有个魔法棒,不过她不想给长发公主施魔法。王后希望自己保存所有童话,而不让长发公主来保存。

王后说,童话永远是我的,谁也别想破坏我的童话。

后来,有一天,来了一位美丽的仙女,她用魔法治住了脏女巫和讨厌的王后。长发公主终于得救了,她好好地保存了所有童话,为了我们每个人。我的故事讲完了。

波皮:公主与狼

很久很久以前,有一个小女孩,她叫长发公主。她走在森林里,突然她看到窗外有一只狼,狼跑过来把她的房子吹倒了。一个邪恶的王后出现了，把她锁在一个高塔上，王后每天给她送一点食物。每天都有一个怪物来到高塔，有一天长发公主拿一支笔在怪物肚皮上画了道线，怪物肚子破了，从里面走出来一个王子，他们就结婚了，然后过着幸福的生活。

凯尔茜：这是我的故事，在读之前，让我把故事写下来。这个故事叫作"你愿意做我的朋友吗？你愿意做我的公主吗？"

很久以前，王后也想像公主一样美丽，但是她做不到。所以，她变成了一个美丽的公主王后。如果你想成为朋友，这是很好的。是做朋友还是要伤心呢？朋友就是要非常开心的。我讲完了。

凯尔茜：可爱的鞋子与生日蛋糕

国王要来了，有人在偷看——可是我不知道是谁。

善良的仙女飞走了，国王走进城堡。玛丽玛丽去找她的羊，她走啊走啊。玛丽玛丽很快找到了她的羊，暴风雨来了。接着就打雷了，现在下雨了，下起雨来了，龙不喜欢雨，吼叫着飞走了。

独角兽又来了，两只脚跳着，谁跳得最好？独角兽、山羊还是玛丽玛丽？那个女巫呢？啊，她正准备在雨中跳舞呢。

泰勒：鲨鱼与龙

鲨鱼和龙去寻找食物，他们找到了一些，然后叨起来吃掉。吃完，他就和龙战斗，那人跑出去开始大喊大叫。敲着城堡的门喊，我能进去吗？不行，我要用鞭子抽你，揍你，把你妹妹当晚饭吃掉。然后一只狼跑来吃了这条龙。嗷嗷地叫，他摔了下来，房子塌了，永远塌了。狼回来砸了城堡，跑了出去，龙也跑了出去，他吃了一匹马。邪恶的巫婆福克夫人来了，她走进房子，看见一位公主，你要待在这里睡上100年，哈哈哈。

克洛艾：小精灵

从前有一个精灵，一个叫彼得的老精灵。现在他还很小，和一只大老虎住在一起。他不愿意相信自己的眼睛。这只老虎病得很厉害，需要看医生，所以小精灵拉着老虎的尾巴把它带到外面。我讲完了。

很多孩子的故事都是和全班同学分享的。有时候孩子们会选择让朋友来帮他们演出来，有时候他们要求不要讲给别人听，而是把秘密藏在书里。有时候我们会给家长阅读或者表演这些故事。通过分享这些故事，家长们开始明白早期教育不仅仅是关于语音、字词和阅读计划的，而是对故事、口语和书面语的热爱，对表演的热情，对拥有新世界的期待。这些故事也鼓励家长们和他们的孩子们交流：接下来会发生什么？为什么龙需要朋友？所有继母都是邪恶的吗？上面的例子突出了孩子们特别关注的问题，包括想要交朋友，想要获得权力和控制，这些涉及做出选择、分享、转换、解决问题、拯救和报复等，而且最重要的是，不要相信我们的眼睛所见。

童话的力量

童话对于幼儿的道德教育有着至关重要的作用。沉浸于故事中，就能感同身受地理解角色。一只小猪是如何摆脱大灰狼追赶的？拥有魔豆是什么感觉？为什么人们会做坏事？在童话故事中，孩子把他自己放在英雄的位置上。他想办法面对失去、分离、不确定和各种冲突。如果没有童话故事,孩子如何去理解作为人类的我们在更广阔的社会中担负着什么样的伦理道德义务呢?

在我们教室的区域设置中,有个故事区,就在图书角附近。在这里,孩子们能够接触到童话人物、图画卡以及小人国的故事箱。在这里,孩子们可以创造、讲述、抄写和表演故事。下面这段三个女孩的对话就是在这个区域发生的。分类游戏是她们自己发明的。正如这个例子显示的,孩子们总是要区分出好人与坏人。

案例研究:童话角色扮演——关于"好人与坏人"的对话

内尔:我们把所有可爱的玩具都放进城堡吧。

格雷丝:这个拿着一条鱼的女孩好可爱啊。

杰丝:那个女孩在游泳,不应该放到城堡里,放在外面才好。

促进者:你们知不知道,有的美人鱼,比如这个女孩,是长着尖牙的。

内尔：但是她现在没有笑，看不到牙齿。

促进者：所以你觉得她是好人是吗？

格雷丝：是的，那里也有一些仙女，她们也很可爱。

促进者：哦，我找到一个国王。他的衣服好可爱啊，你们看是不是？他能不能放进城堡？

梅茜：不行，他不可爱。

内尔：他太脏了，而且也不是女孩。

促进者：只有可爱的女孩才能进来吗？

内尔：是的。

促进者：可是，你放进去的这个小精灵是个男孩，不是吗？他还能算是可爱的人吗？

（我猜她并没有意识到这一点。）

梅茜：是，他还是很可爱，对吧，内尔？

内尔：（思考状）嗯……

促进者：也就是说，现在你们放了一个男孩进去，那么，国王是不是也能是可爱的人呢？

内尔：国王不能进来，他可以留在那边，自己可爱就行了。

然后，我发现一群小男孩在讨论女孩们所做的事情。我很想知道按照他们对坏人的分类，接下来会发生什么。

案例研究：坏人——与男孩们的对话

哈里：这只大灰狼就是坏蛋，因为他有尖尖的牙齿，他会吃小女孩。

诺厄：这个女巫也是坏人，她太可怕了，我不喜欢她。

促进者：但是她看上去像个很友好的女巫啊，她在微笑，不是吗？

诺厄：不是，她的脑袋里正在施魔法呢——所有的女巫都是坏的。

促进者：如果你是一只青蛙，她用魔法把你重新变回了男孩，她这样做是不是就成为好人了？

诺厄：那也不是，她还是会把我变回青蛙，放进一个大烤箱的。

海登：这个驼背的人是坏人，他的脸很丑。

促进者：他长得丑又有什么关系呢？你怎么知道他是坏人？

海登：要是有人进入他的城堡，他就变得很坏。

诺厄：(拿起美人鱼) 这是什么？

促进者：这是个美人鱼，长着尖牙，只是现在看不到。

诺厄：那就是坏的。

亨利：这个怪物［牛头人身的弥诺陶洛斯（Minotaur）］是坏的，他在发火。

促进者：假如你在发火，你就是坏人吗？

亨利：不是，我的牙齿没那么尖。

比利：这个怪物是萨利（《怪兽电力公司》中的角色），是好人。

促进者：可是他是个怪物啊，为什么他不像别的怪物那样是坏人？

比利：他在笑，所以说他是好的怪物。

促进者：如果这个吃人的恶魔也在笑呢？他也是好人吗？

诺厄：不，他是坏人。他很不开心，他拿着这些东西（剑和斧头）。他是坏的，因为他不开心。

海登：有人冲我大喊大叫的时候，我也会变成坏人。

从这个例子中，我们发现，孩子们对角色的印象主要是基于外表。此时，促进者的作用就是引导孩子们考虑行为而不是外表。为了让孩子们开始去探索有关道德以及伦理行为的哲学问题，他们必须首先学会识别这些行为。一旦识别出这些行为，这些行为就会逐渐渗透和影响他们的游戏、语言和思考。

使用童话故事玩偶

我选择的下面三个案例都是使用玩偶来讲故事的。在每个案例中，促进者都是作为听众参与其中的，展示出了倾听如何为提问提供机会。第三个案例研究显示了如何把这种提问角色传递给孩子们，使他们能够迈出自己作为促进者的第一步。

这些案例使用玩偶或童话人物形象来判断孩子们对刻板印象行为的感知。童话角色是行为的展现，代表了善良与邪恶、权力与无能、财富与贫困。

下面这个活动鼓励孩子们去探索行为的本质：是什么导致了人的善与恶？最重要的是，为什么会这样？

案例研究：什么是女巫？

教师准备一个女巫的玩偶、玩具或图片。每人一张思考卡。

让孩子们传递这个普通女巫的玩偶或者图片。请他们来判断他们刚刚看到的或已经了解到的。把他们的想法都记在纸上，然后让孩子们判断他们认为这个女巫是好人还是坏人，并用各自的思考卡来投票。对话可以从让孩子们解释他们选择好人或者坏人的原因开始。

参与这个活动的是有过一学期哲学探究经历的15个幼儿。

泰勒：她长着长鼻子。

乔雅：事实上，那个女巫有一头长长的卷曲的头发。

麦迪逊：她戴着一顶高高的帽子。

阿什莉：她有高塔，上面还有颗星星。

斯凯：带斑点的鞋子，黑色的鞋子。

蒂莉：她的眼睛是绿色的。

奥利维娅：她的眼睛是绿色的，头发是灰色的。

埃拉：她们太调皮了，所以她们有绿色的眼睛。

肯尼迪：女巫会施魔法。

德米：女巫张牙舞爪。

（接着我让孩子们展示他们的思考卡，来看看他们认为女巫是好人还是坏人。我把结果记录了下来并请孩子们说一说他们认为女巫是好人的理由。）

德米：她的脸很漂亮，她在笑。

促进者：可是她在笑是因为她善良吗？你觉得她施展坏魔法时会不会笑？

肯尼迪：是的，她会，她把人变成青蛙后就哈哈大笑。

蒂莉：是的，有时候她念咒语的时候也会说哈哈哈。

埃拉：要是她把我变成蝴蝶，她就是好人。

促进者：你的意思是，如果女巫把你变成蝴蝶，她就是个好女巫吗？

埃拉：是的。

促进者：要是她把你变成青蛙呢，你会怎么想？

迪伦：那她就是个卑鄙的女巫。

促进者：但是，如果你不喜欢蝴蝶呢？

亨利：是的，我不喜欢蝴蝶，不过我喜欢青蛙。

奥利维娅：她只会把人变成讨厌的东西，不会变成好的东西，因为女巫都是那样的。

肯尼迪：女巫只喜欢对人做坏事，让人们很生气，然后女巫就会这样笑，哈哈哈哈。

促进者：那你是不是说女巫很喜欢做一个卑鄙的人？

泰拉：对，就是那样，因为她们都是坏人，不是好人。

露西：坏人恨好人，这就是为什么她们总做讨厌的事。

促进者：这么说的话，女巫笑的时候，她们是坏人对吗？

（大多数孩子对最后这个问题给出了肯定的回答。）

对话结束后，我让孩子们再次投票：女巫是好人还是坏人？这一次，投票结果显示，刚才认为女巫是好人的 5 个孩子中的 4 个改变了主意，现在认为女巫是坏人。

在探究的早期阶段，促进者的角色就是提出问题，给孩子们提供另外可供选择的观点。在上面的案例研究中，我想让孩子们摆脱掉那种认为"凡是笑的人都是好人"的想法。小组中的有些孩子很快就认识到友善的笑与邪恶的笑之间的差别，还能举出女巫作恶时哈哈大笑的例子。这帮助其他孩子理解了外表与行为之间的区别。

案例研究：关于大灰狼玩偶的思考

内容包括轮流传看大灰狼玩偶，邀请孩子们分享他们对大灰狼的思考和观点。

露西：他是坏人，他长着尖尖的牙。

杰玛：他吃掉了小红帽。

麦迪逊：他不吃男孩，只吃女孩。

露西：那是因为他是个男孩。

促进者：还有谁觉得大灰狼只做坏事吗？

麦迪逊：大灰狼不喜欢孩子，是不是？

促进者：不喜欢孩子的人就是坏人，你是这么想的吗？

露西：但是狼吃好人也吃坏人。

促进者：如果我有尖牙和爪子，我也是坏人吗？

奥利维娅：不是，你不是狼。

促进者：我像大灰狼那样假扮成老奶奶，就成为坏人了吗？

奥利维娅：也不行，你不会吃孩子，因为你不是狼。

从这个简短的对话中，我们能够看到，孩子们做出的假设增多了。在我们让孩子进行细致的哲学推理前，作为促进者，重要的是倾听孩子们的先入之见。通过分析，我们也能发展自己的提问技能。

下面的陈述很好地描述了孩子们关于狼的看法：

- 只有雄性的狼是坏的。
- 狼不但吃男孩也吃女孩，没有偏好。
- 狼不喜欢孩子。
- 狼不但吃好人也吃坏人。
- 人类的行为跟狼不一样。

作为促进者,我们能够使用这些陈述并将它们转化为进一步发展思维和推理的问题。比如,我们会想去问下面的一个或几个问题:

- 是什么使得雄狼跟雌狼的行为不一样?(关于性别的哲学问题)
- 是什么使得狼不同于人?(人类与动物的本质)
- 狼是否知道好行为与坏行为的区别?(道德理解)

案例研究:为龙选择朋友

教师准备一些童话人物的玩偶、玩具或图片。

先向孩子们说明,有一条龙发现自己很难交到朋友。然后拿出准备好的一些童话角色(玩偶或图片),让他们去仔细思考哪个角色能成为龙的好朋友。

这个活动是一个早期的探究活动,有18个孩子参加。下面的对话是上述部分的后续活动,这个时候,我们已经发现了为什么龙难以交到朋友。

促进者:你们还记得为什么龙发现自己很难交到朋友吗?

肖娜:他从朋友那跑掉了。

波皮:因为他有尖牙。

哈里:他会吼叫。

促进者:有人想给龙找个好朋友吗?

波皮:小红帽是他的朋友。

米莉:小红帽对龙好吗,波皮?

波皮：是的。

亨利：这个也是他的好朋友，他从树上跳了下去，而且他在笑（指着伐木工玩偶）。

凯尔茜：如果他在笑，就允许他做龙的朋友。

哈里：所有笑着的人都能够当朋友，他们是好的娃娃。

米莉：这个不行，这是坏女巫。

波皮：不，米莉，你看，她是个好女巫，她的嘴巴也在笑呢。

促进者：米莉，你同意这个说法吗？

米莉：是的，我改变主意了，我也觉得这是个好女巫。

埃拉：她的脸看起来很讨厌，她会施魔法在龙身上。捉迷藏的时候，她甚至都不会数数。

祖德：警察能和龙一起玩。

促进者：你认为他们一起玩得好吗？

祖德：是的，因为他是警察，他能够一下子把所有车都停下来。

有个东西过来了，他会把它剁碎。

他很讨厌。

促进者：还有其他人觉得警察很讨厌吗？

（米莉和杰茜卡说是的。）

祖德：龙撞翻了树，跑到警察那里。

警察跟平常一样，让人们停止做作业。我姐姐想要做作业，但是他却把我姐姐推开了。

肖娜：狼跟龙不能好好玩耍，因为他不是好人。

凯尔茜：他很讨厌。

米莉：狼会吼叫吗？

凯尔茜：对，他用牙齿咬龙。

凯蒂：我觉得王后对龙会很友好。

因为她玩过捉迷藏。

米莉：不，她很讨厌，因为她的眉毛是八字眉。

促进者：（我拿过来王后的玩偶，但温柔地说）我觉得你们都是可爱的孩子。我是个好王后，对不对？

米莉、肖娜和凯尔茜：不，你不是好人。

（其他孩子都认为我是好人。）

凯尔茜：外婆很好，因为她给龙煮茶喝。

促进者：你们觉得王子怎么样？他会是个好朋友吗？

凯尔茜：不行，他也不好，他有个长棍（剑），他会跟龙打起来的。这个棍子很讨厌。

促进者：那么，就是说，如果他没有这把剑，他就能对龙友好了？

米莉：是的，他能够跑开，但我觉得他的妈妈会说好好玩。

波皮：国王会这么说，因为他希望人们都成为朋友，包括龙在内。

然后，这些玩偶被分成两组，以代表孩子们的决定：能做好朋友的和不能做好朋友的。其他没被选中的玩偶被留在地毯上供他们在游戏中使用。

以下是对一个孩子通过游戏对上述对话进行扩展的记录。这个叫凯尔茜的孩子还没有足够的自信在对话中说出她的想法。然而，下面的摘录显示了她如何使用游戏来理解她在上述对话中听到的内容以及她自己对龙的想法。

［杰茜卡（狼）绕着毯子追凯尔茜（龙）。］

凯尔茜：停！他不友好，不停追我。我不喜欢被追着跑。

龙会去找兔子做一整天的好朋友。晚上他们准备休息的时候，所有人都会说晚安，每个晚上都是这样，只要他们的嘴在笑，他们就能说晚安。（她拿起小红帽玩偶说）她就很友好，她能和龙一起玩。

（米莉打断了这个游戏。她要去帮忙准备吃点心的杯子和碗。）

米莉：点心时间，我自己要用这个粉红色的碗。

促进者：你想不想也给你的朋友一个这样的碗？

米莉：嗯，我会的。我给波皮拿个红色的杯子，我自己拿个黄色的。

促进者：红色的杯子更好一点吗？

米莉：是的，有几个红色的杯子？

促进者：两个。

米莉：那好吧，我要拿两个红杯子，一个给波皮，另一个给我自己。

（与此同时，凯尔茜把龙带到绘画桌旁画了一幅画，然后拿回来给我看。）

凯尔茜：我画了一条喷火的龙。

米莉：它为什么会喷火？

促进者：我想我见过一条这样喷火的龙，你见过吗，凯尔茜？

凯尔茜：是的，如果龙大吼大叫地喷火，我就不跟他做朋友。

米莉：我要做他的朋友。

凯尔茜：如果他吼叫着喷火，那就没人跟他做朋友。（她又看了看她的画，指着火说）你得找块海绵，把这个擦掉。

米莉：那我可以画一条喷火的龙吗？

凯尔茜：可以，但是我现在想画个小红帽。看，我给龙画了一个朋友。我画一个笑眯眯的海盗，他要去参加一个派对。

促进者：谁的派对？

凯尔茜：她的，你还记得她吗？（她走到毯子那儿拿回来一个公主布偶。）

（米莉到玩具区拿回另一条龙，这条龙的嘴里有一条塑料火焰。）

凯尔茜：这条龙不能参加派对。

促进者：为什么不能去？

凯尔茜：因为他很调皮，他在喷火。

促进者：布偶龙能够去吗？他会喷火吗？

米莉：不，他不喷火。他嘴巴都张不开，他也不会吼叫。

凯尔茜：我不喜欢那条龙，那条正在吼叫的龙，他很可怕。

上述关于凯尔茜游戏的摘录表明，她很矛盾，一方面她想给龙找个朋友，另一方面又怕龙有可能喷火和令人恐惧。她一直不喜欢"喷火和吼叫"的龙，但是很显然，她很同情我们所谈论的那条布偶龙。通过游戏，凯尔茜能够找到解决这些冲突的方法。

童话故事活动

活动：你更想要？——小红帽的篮子

所需材料

4 幅关于小红帽的图片，分别画着下述四种东西。

先给孩子们讲一遍小红帽的故事，然后请他们想一想：

如果小红帽还会遇到一只大灰狼，她会希望她的篮子里有什么东西？

- 一本关于狼的书
- 一辆能够带她逃跑的车
- 一把斧头
- 一个伐木工人

请孩子们选择他们认为对小红帽最有帮助的，站在相应卡片的后面。鼓励每个小组先进行讨论，说一说为什么选择这个选项。讨论之后组织孩子们回来围坐成一圈，请他们各自说说他们的理由和想法。对话结束后，你可以让他们根据讨论的内容再次进行选择。看看有没有孩子改变选择，如果有，问一问，他们为什么会改变想法？

活动过程

18 个 4 岁的幼儿园孩子，有过两年儿童哲学探究经历。

我把小红帽的故事读给他们听，让他们想一想想选些什么放在篮子里，以便在下次遇到大灰狼时能保护自己。

我提前准备好了上述四种东西，但决定先不告诉孩子们，等他们有了想法后再分享给他们。我很高兴地发现，上述选择大部分都被孩子们想到了。最后，我采纳了孩子们的意见。我们讨论了这些选择，然后把每个选择画在一张 A4 纸上，以便在后面的探究中使用。

霍莉：我觉得我们应当放些水果在篮子里，这样再看到大灰狼的时候，就能够用水果丢大灰狼了。

波皮：或者把水果给狼吃，他吃的时候我们赶紧跑掉。

祖德：但是他也会跑回来说我想吃更多的水果。

霍莉：但是小红帽就回到家了。

哈里：我们给小红帽带把斧头，把大灰狼砍死。

亨利：我们拿个平底锅拍他。

祖德：要不就准备一把枪吧（我们把这些分类为武器）。

波皮：我们需要一张大网做一个陷阱，不过就怕大灰狼把网咬破。

霍莉：或许我们可以用笼子把大灰狼困住？

米莉：要是里面放着锁和钥匙，他还是会逃出去。

霍莉：但是我们能够把他锁很长时间啊。

亨利：或者用锁链把它缠住。

米莉：万一他逃跑了怎么办？

霍莉：我们可以用特别特别结实的铁做笼子，他逃不出去的。

西布莉：我们把大灰狼关进笼子，用结实的铁链子锁好，再用磁铁吸铁链子，笼子就会晃啊晃啊，把狼晃死。狼会死的。笼子飞到磁铁上，你就晃它，大灰狼就死了，肯定很好笑。

哈里：我要用平底锅把他打晕，然后把他放进笼子。

瑞安：你要是有个汽车怎么样，把他撞翻，他就死了。然后警察也不会把他带走，他也不能去医院治病。

促进者：车还有其他用处吗？

瑞安：我会把狼带到别的地方去。

西布莉：你可以把他送到没有汽车的地方。

亨利：或者把狼装上车，带他到监狱，锁住他，他就再也出不来了。

蒂尔勒：我会用车压扁他，或者把他扔进下水道。

瑞安：如果我在车里，我就跑出去把狼吓跑。

霍莉：我才不呢，我要锁住它。

蒂尔勒：我会给轮子打足气，让轮子变得大大的，然后去压扁他。

波皮：我会快快开车跑走。

（讨论到这个阶段，我又为孩子们讲了一些关于狼的信息。）

促进者：这个故事是关于狼的吗？

几个孩子：不是。

（我解释说这个故事告诉了我所有关于狼的信息。）

瑞安：但是我有个问题，篮子里怎么能放下一辆真车呢？

促进者：我想那必须得是一辆有特殊魔力的车，能缩小，也能变大。

（接着，我告诉大家，他们每人只能选一样东西放到小红帽的篮子里。我把他们选的物品的图片放在教室的四周，让他们走到自己所选物品图片的旁边。而后给他们一段时间进行分组讨论。）

（过了一会儿，我们重新围坐成一圈，孩子们开始讲述他们选择的理由。）

（在这个阶段，一个孩子说她自己选不出来，所以她就跟着好朋友走到汽车图片那里了，她的朋友喜欢汽车。我请她试着说一说为什么她不能做出自己的选择。）

促进者：那么，这些卡片中哪一个与你的想法一致呢？

杰茜卡：没有，一个也没有。我需要一个人来帮我，而不是伐木工，也不是斧头。一个大人，他能帮我跑开。或者一个指示牌，告诉我，大灰狼往那边走了，小红帽往这边走。我也想把狼锁住，但是不是锁在笼子里。反正我不太确定到底选什么。

（听她说完后，我先让她听听别人做出选择的理由，看看是否能帮她在现有卡片中选出一个。）

促进者：好的，孩子们，谁愿意来说说为什么选斧头？

蒂尔勒：我选斧头，因为我不喜欢大灰狼。

促进者：只是因为不喜欢他就要把他杀掉，这样好吗？

西布莉：是的，坏人应该被杀掉。

米莉：不一定这样做，因为坏人不存在。

波皮：只有动物中才有坏蛋。

凯尔茜：也有好动物，比如大象、小羊羔和蝴蝶。

哈里：坏蛋动物真的存在，它们住在动物园里。

霍莉：比如咬人的鳄鱼，或者蛇。

西布莉：你们知道吗，吸血鬼也会咬人。它们不是真实的，但如果它咬了你，你也会变成吸血鬼。

促进者：吸血鬼是人还是动物？

西布莉：有些人说吸血鬼是真的人，有些人说它们是动物。

促进者：如果你杀死过坏的动物，你会去杀死一个坏人吗？

西布莉：不会，因为我喜欢人，但是不喜欢动物。

促进者：还有谁选了斧头，为什么呢？

哈里：我也要把狼砍死。

波皮：我不砍他，我选书。

促进者：你为什么选书？

波皮：我要读一读，书能教我怎样打他屁股。

凯蒂：如果我们写一本书来告诉我们会发生什么怎么样？

霍莉：我们必须考虑一下狼会做什么，但是我们怎么知道狼会做什么呢？

米莉：妈妈会告诉我们。

促进者：还有别人选择猎人吗？

瑞安：我，我选猎人，他能打狼。

促进者：猎人能做什么你做不到的吗？你自己不能去打狼吗？

瑞安：狼会抢到枪、斧头，然后跑掉，我们也只能逃跑。

促进者：你们总是需要一个大人来帮你吗？

几个孩子回答：是的。

米莉：不总是这样的，没有狼的话就不用大人。

霍莉：我选笼子，这样他就跑不掉了。

促进者：你怎样把狼放进笼子呢？

霍莉：要是笼子的门太小，不够大，那就很难了。

波皮：问题是，要是他不进去怎么办？

西布莉：或许用一根木棒能把他塞进去。

蒂尔勒：要不然用个围墙。

西布莉：然后找个锁，找个带钥匙的锁把笼子锁上。

米莉：没有木棒怎么办？要是你没有钥匙怎么办？要是有个不认识的人把钥匙拿走了怎么办？

波皮：这样吧，我们就跟他打招呼说你好，等他走近了，咱们就把他推进笼子。

蒂尔勒：你把狼赶进房子，把房子放到笼子里。

促进者：为什么大家要选汽车呢？

瑞安：看到狼的时候，我就钻进车里，锁上门，赶紧开走。

促进者：杰茜卡，大家说的这些能帮你做出选择吗？你会选什么？

杰茜卡：我会扔个水果给狼，然后逃跑。

促进者：你们其他人呢，为什么选水果呢？

肖娜：我选水果是因为我喜欢水果。

促进者：你喜欢的水果怎么能帮助你呢？

肖娜：扔给狼。

亨利：你把香蕉剥了皮，用香蕉皮扔狼就行了。

这段对话说明，小组的决定能帮助孩子彼此找到自己想要的选择。它证明了一种团体意识的出现。孩子自己提出了问题以及可能的解决方案。当杰茜卡发现自己很难做出选择的时候，她能解释原因，并能重新思考，直至最后做出了选择并为自己的选择提供了一个解释其会起作用的理由。他们知道，找到一个正确答案并不重要，重要的是一起通过使用问题解决方法作为工具了解他们观点的优缺点，并研究早期的哲学概念如权力和知识。

活动：《杰克与魔豆》珍宝抢夺战

活动目的

提问与回答，各自做出相关贡献，提出建议并轮流进行，通过确保每个小组成员都有机会接受挑战、给予支持和推动小组进展来继续，使小组进行有效的讨论。

所需材料

展示《杰克与魔豆》故事的八张活页，一根跳绳或一段绳子，以及分别包含以下一种东西的六张卡片：

- 一袋金子
- 被从杰克家偷走的杰克爸爸的照片
- 魔法竖琴
- 巨型蛋糕
- 老妇人
- 园艺手册

活动过程

阅读《杰克与魔豆》的故事，问孩子们他们认为自己最宝贵的东西是什么以及为什么。然后一起看六张卡片，讨论他们看到的内容。

向孩子解释，在巨人醒来之前，杰克只有很短的时间可以带着六件珍宝逃下魔豆。他一次只能带一个东西。孩子们要帮助杰克进行选择，每次带哪件珍宝、顺序是什么以及为什么。

把跳绳或长绳摆在地板上，假装是魔豆。把"最重要的"标签放在绳子的底部，而"最不重要的"标签放在绳子的顶端。

请一个孩子做志愿者，将选择的卡片放在绳子上。

反复这样做，直到六个选项都被摆在绳子上。

然后问孩子们是否需要调整六样东西的顺序，原因是什么。

鼓励孩子们去讨论哪一样东西应该被移走。问他们一些问题，比如，这个东西代表什么？它比……更重要还是更不重要？为什么？

孩子们能给出确定的重要性顺序吗？如果不能给出，为什么不能？在选择过程中，哪样东西引起的问题最大，为什么？

活动：魔豆王国

活动目的

鼓励孩子们运用他们的想象力和哲学推理能力去选择一个王国，王国里只有一条规则。他们必须决定哪个王国的规则最好，对其中的公民最有利。

所需材料

《杰克与魔豆》的故事，用四张 A4 纸大小的卡片代表四个魔豆王国。把下列四个陈述分别写在四张卡片上：

- 任何人在任何时候都能够宣称自己是国王或王后的王国。
- 每个人都被指定一个年龄，并且年龄永远保持不变的王国。
- 所有动物都具备与人一样的权利的王国。
- 没人有权占有任何东西的王国。

活动过程

向孩子们解释，杰克种下了四颗豆子，每一颗都长成了魔豆。杰克只知道王国的名字，但是实际上他看不到王国是怎样的。孩子们必须帮助杰克决定要去哪个王国。

把四张卡片分别放在不同的地方，让孩子们按自己的选择去到每张卡片所在的区域。鼓励每个人在小组里分享他们的理由。而后重新围坐成一圈，让每个小组来展示各自的观点。对于大一些的孩子，可以要求他们把所有的想法都写下来。

鼓励有理有据的讨论，无论是对王国的优点还是缺点。讨论完所有的王国之后，允许孩子们改变他们的想法，只要他们愿意，他们可以去选择不同的王国。保证要给出做出改变的理由。

活动：童话角

活动目的

促进孩子们使用哲学探究语言的能力。鼓励孩子们做出自己的选择并给出支持选择的合理理由。给予小组练习的时间，这样有利于那些不够自信的孩子做出自己的选择，或者在一个大的群体中展示自己的想法。

所需材料

三张 A4 纸大小的卡片，其中一张上面写着"我同意"，一张上面写着"我不同意"，另一张上面写着"我改变了主意，因为……"。你还需要一个童话列表，可以选择一次读一个童话故事。

活动过程

请孩子们站在区域中央，读出下列陈述中的一个，然后让他们选择站到最接近他们想法的卡片旁边。给几分钟的时间让他们在小组内进行讨论，至少对其中的一个人讲出选择的原因。鼓励小组中的每个人都与别人分享他的想法。然后让孩子们按照小组的划分重新围坐成一圈。给予时间让孩子们去探究同意或不同意某个陈述的理由。重复使用尽可能多的陈述。在每个对话的最后，问孩子们是否有人想要改变主意，对于改变主意的孩子，可以移到"我改变了主意，因为……"的卡片旁，鼓励他们讲讲哪个陈述影响了他们的思考。

陈述列表如下：

- 金发姑娘喝了熊宝宝的粥是没关系的。
- 公主可以不遵守她对青蛙的承诺。

- 灰姑娘应该支持她的姐姐们。
- 彼得·潘应该离开永无岛去长大。
- 三只小猪的妈妈不应该让孩子们离开家。
- 王子总是与最美的女孩结婚。
- 女巫应当惩罚那些不友好的人。
- 狼应该对小猪友好。
- 杰克不应该拿巨人的金子。
- 杰克太傻了以至竟然用奶牛换了五颗豆子。

在开展儿童哲学探究的早期阶段，让孩子们尽可能多地接触童话故事是非常重要的。这些故事能够引入和让孩子们发展移情、做出选择以及用熟悉的方式证明观点的技能。下面一个案例研究说明的是关于童话的认知和理解所包含的思想，以及儿童做出的思考与大量哲学概念的联系。

案例研究：《杰克与魔豆》童话故事探究

我给 15 个 5—7 岁的幼儿园孩子读了这个故事，并给他们一些安静思考的时间来想想故事中包含的一些概念。

孩子们确定的故事中包含的概念有：

选择：他必须选择怎样保证安全。

憎恨：故事中有憎恨，因为老妇人与鹅憎恨巨人，而巨人憎恨每个人，因为没有人和他一样巨大。

营救：因为老妇人和鹅从巨人那里被营救了出来。

耍弄：是的，杰克藏起来耍弄巨人。

不对，那只是躲藏，不是耍弄。我觉得那是**幸存**。

或者叫作**保护**，他自己保护了自己避免被巨人吃掉。

我认为，这里有**责任**，因为他有责任负责做三件事来换钱。他有责任为妈妈去挣钱，但是他只得到了一些豆子，所以如果他妈妈挨饿，那就是不负责任的。

恐惧：杰克和老妇人害怕巨人。

勇敢：因为杰克自己逃出了城堡。

他也很勇敢地接受了一切。

我认为这也和**工作**有关，这和责任差不多。因为老妇人必须为巨人工作，杰克必须为他的妈妈工作。

我认为还应该有**爱**。（几个孩子大声说着他们的不同意见。）

麦迪逊坚持自己的选择。我想是有爱的。他爱他的奶牛黛西，并不想卖了她。

（孩子们觉得这很合理，因此这个概念是成立的。）

好奇：他想知道那个巢穴。他想知道里面有什么，所以他很好奇。

那不是巢穴，而是城堡。

那就像一个巢穴，因为里面住着一个巨人。

他也想看看豆茎上面的王国是什么样的。

惩罚：杰克把巨人扔进了太空。

杰克回家后，他妈妈把他扔到了床上。因为他只带回了豆子。

聪明：因为杰克有一个计划。

我们也能够有**智慧**。

不公平：为什么巨人把所有的钱都留给自己，他应该分享，那些穷人却一无所有，他自己有很多很多。

偷盗：杰克偷了东西，有鹅、竖琴和钱。

他再也没有把这些还回去，就是偷走了它们。

但巨人是个卑鄙小人。

就像一个恶霸。

促进者：大家认为还有没有其他概念能够用来帮助我们回答问题的？

我认为还有**知识**这个概念，因为杰克想出了一个计划。

然后，孩子们画了一幅画，并根据他们选择的概念来汇总问题。他们被要求说出哪个概念与他们的问题相对应，并给出理由。

以下是孩子们提出的问题：

- 为什么杰克拽倒了豆茎，摧毁了巨人？（知识、幸存）
- 为什么杰克爬上了豆茎？（偷盗、好奇、勇敢）
- 为什么杰克认为他能够从巨人那里活着出来？（幸存）
- 为什么老妇人为巨人工作，即使她根本不喜欢巨人？（憎恨、恐惧）
- 为什么他不卖了黛西换钱，而是爬上了豆茎？

亨利：那他为什么把黛西换了豆子呢？

阿比：他觉得豆子是有魔法的，有了魔法就有钱了。

拉韦尔：也许他以为钱会长在树上或灌木丛里？

亨利：那他为什么不去银行？

拉韦尔：或许他们那个时候还没有发明银行呢。

促进者：好的，那么你会要什么，魔豆还是钱？

（小组投票，只有一个人选了豆子。）

阿比：我选魔豆，因为我能去冒险。

促进者：杰克会不会以为豆茎的顶端有钱？

亨利：是的，他可能觉得上面有个人类的世界。

奥利维娅：但那个世界可能很危险，住在那里的唯一的一个人是巨人。

促进者：如果你不知道那里有个巨人，你会爬上去吗？

（大部分孩子回答说会的。）

亨利：你能够选择通过破坏或者逃跑来避开危险。我会学习生存技能。但我不会去，因为豆茎看起来摇摇晃晃的，我觉得可能会掉下来，从那么高的地方摔下来，会死的。

乔治：我们可以快速检查一下，然后如果我们看到任何不好的事情发生，就跑。

麦迪逊：我看史酷比就是这样做的，所以我会为任何危险做好准备。

蒂莉：我不会上去的，万一有巨人或怪物呢。

奥利维娅：如果我下不来怎么办？

亨利：你能下来，因为你能顺着豆茎下来。

乔治：但是如果老妇人或巨人把豆茎砍了，你就会被困在那里了。

阿比：那我就只好为巨人工作或者……我想我还是改变主意吧，如果有巨人在，我就不去了。

拉韦尔：如果有激光枪打怪物的话，也许我就不去了。

亨利：是的，爬上去太蠢了。

阿比：但是拉韦尔，你不知道，事情就是这样的。

麦迪逊：我可能会去冒这个险，这是我的选择，如果没有任何激光枪什么的，或者它们只是很小，而且激光打在人身上也不疼，我会很高兴也会感到自己很勇敢，然后我会为自己的选择感到骄傲。

促进者：你知道那里有什么会比不知道那里有什么觉得更可怕吗？

拉韦尔：我同意麦迪逊的观点，我认为我们应该冒点险。

阿比：但有些人足够勇敢，比如很小的时候，不会因为害怕而不去玩可怕的游乐设施，也不会不去上学。他们会说"我能行，我能行"，但有些人就不想做新的事情，这就是为什么他们有时候会哭。

拉韦尔：你是说，开始上学的时候我哭是因为我不知道会发生什么，并且我什么都不知道。

亨利：我觉得新的东西会让一些人感到害怕。

乔治：我不这样。

促进者：那么，是什么让一些人比别人更勇敢呢？

亨利：信任与勇气。

促进者：信任能让人勇敢吗？那是什么意思？

阿比：信任就是相信自己。

亨利：对，相信自己的选择。

拉韦尔：或者，如果有人告诉你，你能做到，你要相信他们。

乔治：如果你还没有做到你不了解的事情，可以听听做到的人的建议。

如果我的朋友告诉我没问题，我可能会试一试，要是不认识的人让我做，我就不会去做。

讨论完成后是提问阶段，我们开始收集后面的一些问题。下一个问题是：

- 为什么杰克拔了豆茎，把巨人赶走？

阿比：我认为与之相关的概念是知识，因为他有了下一步会发生什么的计划。

奥利维娅：我觉得这是因为憎恨，因为杰克憎恨巨人。

他说你这次够坏的了，这是你应得的。

亨利：我认为跟智慧相关。

杰克知道，如果他不打巨人，巨人会把他吃掉的。

乔治：这么说的话，那就是幸存了。

最后一个问题是：

- 老妇人那么憎恨巨人，为什么她还要为巨人做事？

阿比：她这么做是因为害怕巨人，巨人总是大吼大叫。

奥利维娅：她要活下来，因为如果她不给巨人干活，巨人就会把她吃掉。

亨利：她害怕，你害怕的时候也会这么做的，要不然就会担心受到惩罚。

阿比：再说她也没有选择，不是吗，亨利？

亨利：是的，我觉得恐惧会让你失去选择。

阿比：我认为所有这些问题都是关于选择的问题，不是吗？

蒂莉：杰克做了很多选择。

乔治：或者也许他只是幸运而已？

拉韦尔：对，他得到了金币和竖琴以及其他所有的东西。

促进者：这种幸运是怎么来的？

拉韦尔：嗯，巨人开始的时候可能并不富有。

亨利：但是如果他开始的时候不做选择，那他就不会这么幸运。

很遗憾，讨论到这个时候就没有更多的时间了，所以，我只能让孩子们通过投票选出一个问题，以便回家后做进一步的探究。

他们投票选出的问题是：

- 为什么杰克会偷东西？

本案例研究展示了小组成员已经有能力非常熟练地将书中的主题与哲学观点联系起来。我们可以看到，他们的问题是与概念相联系的，并且他们愿意给出关于这种联系的理由。

> **关于童话故事性质的反思**
>
> - 我们如何才能找到理解童话故事的方法？
> - 你班上的孩子在他们的故事中会使用什么主题，为什么？
> - 我们怎样才能找到让孩子们探索他们谈论事情的方法？
> - 没有故事的世界会是什么样子的？
> - 你宁愿生活在一个没有故事的世界还是一个没有事实的世界？

第三章

促进者的角色

探究生活中的哲学概念

向儿童介绍哲学概念

更好地提问

本章将探讨的是作为促进者的我们如何发展自己的思维以便协助和支持孩子们获得思维技能。为了使哲学思维更加严谨，我们需要了解如何根据哲学意义来理解思想和问题。没有这种严谨性，探究便只是对话而已。理解哲学概念有助于我们获得提出下一个大问题的信心。

从最简单的形式来说，哲学严谨性可以通过采用这样一个三步骤的过程来培养：

- 提出关于一个观念的问题，比如，"什么是爱？"。
- 给出这个观念的定义，比如，"爱是双向的……"。
- 将这些定义转化为能够通过对话来探讨的问题。比如，"有没有可能去爱了却没有得到被爱的回报？"。

探究生活中的哲学概念

作为探究团体中的促进者，对哲学概念感兴趣、有些认知和理解是必要的。一个熟练的促进者将尽力突出儿童陈述或问题中的哲学要素，帮助他们将思维扩展到这一领域。做出更好的促进意味着你必须挑战陈述并把它们变成一个问题，通过挑战某人说了什么，你要努力让孩子们质疑他们真正的想法以及他们这样想的原因。

哲学思考

- 生活有一个目的吗？
- 人们应当受到惩罚吗？
- 我们在出生之前就存在了吗？

- 有最美的东西吗?
- 什么是智慧?
- 老年的我与年轻的我是同一个人吗?
- 什么使事情成为真的?
- 大脑与心灵有不同之处吗?
- 我们如何知道某个东西是真的?
- 有正义这种东西吗?
- 我们有自由选择吗?
- 闭上眼睛的时候怎么看?
- 梦和生活有什么区别?
- 什么让你成为你?
- 你应该一直按别人说的做吗?
- 我们能感觉到颜色吗?
- 真正的幸福是什么?
- 杀死任何东西都是对的吗?
- 我们如何知道何为对或错?
- 情感从何而来?
- 人与动物有什么区别?

这些问题都是来自我们日常生活中的陈述、假设和观察。在本章,我们将探讨如何鼓励我们的孩子创造他们自己的问题,并根据这些重要的哲学问题构造他们自己的答案。

有哪些大问题？

- 饥荒 / 充裕
- 贪婪 / 无私
- 爱 / 恨
- 智慧 / 无知
- 真 / 假
- 虚 / 实
- 美 / 丑
- 权力 / 无能力
- 富有 / 贫穷
- 勇敢 / 懦弱
- 善良 / 残忍
- 责任 / 粗心

探究哲学概念对我们来说是个挑战。当然，对于幼儿来说，这可能是他们第一次被邀请公开表达自己的意见，解释自己的想法。在探究过程中，我们要告诉他们，问题并不一定能找到答案，但他们要对自己的思考负责，要给出合理的理由支持自己的陈述。因此，在哲学探究中，我们要让自己的思考接受检验，我们的想法可能会受到其他人的挑战。这一挑战可能会让孩子和促进者都感到不安。然而，哲学也具备令人难以置信的自由，这会让这种不安得到释放，这种自由就是不受预设答案的约束。你可以改变主意，或者成为"魔鬼代言人"[1]，以推动思维的发展。在哲学论证中，你不知道路线，也不知道目的地。

我们对生活的质疑越多，就越多地在进行哲学思考。在某种程度上，我们可能会变得如此好奇，以至我们想研究著名的哲学论题，但我相信这不是成为一个好哲学家的必要条件。儿童哲学鼓励我们的孩子在一个充满信任的安全环境中倾听自己和同伴的声音，在这样的环境中，孩子们是可以冒着犯错的风险去开展探究的。

在我们期望孩子们签订这份合约开始探究之前，重要的是，作为成人的我们要学会倾听自己的声音。通过质疑自己的假设和观点，我们开始认识到什么对我们来说是哲学概念或者大问题。我们的目的不是与孩子们分享我们的这些想法，而是使用我们问自己的问题来发展他们的思维。

以下情景旨在向作为促进者的你做一个简短的介绍。它们是一些可能会在与孩子们的哲学探究中出现的问题。作为一名促进者，自己独立思考这些问题是十分重要的。这将提高你对可能出现的哲学论点的认识。

阅读这些简短的情景，问问你自己的想法或者向你的朋友、家人或同事说说你的想法。为了更深入地理解这些重要概念对我们意味着什么，你还需要问哪些进一步的问题？注意它们对每个人的意义是否相同。在更广阔的世界里，它们对其他人是否意味着同样的意义？这些概念在不同的文化或环境下有区别吗？

设计这些情景的目的是，基于你对这些概念可能意味着什么的信念、经

---

[1] 魔鬼代言人（devil's advocate），最早源自罗马天主教教会，指的是当教会想要把某位殉教的教徒封"圣"时，会安排专人来寻找各种证据证明他资格不够。这种为了反对而反对的角色，就称为"魔鬼代言人"，他们的职责就是避免教会轻率做出的重大决策出现失误。后来引申指在辩论中针对多数派进行批判或反驳的人，抑或是指该职责。——译者注

验或观点来激发你的思维过程。

爱

卡莉有一个和她一起长大的最好的朋友，卡莉对这个朋友的爱超越了世界上的任何事物。有一天，这位朋友说要永远离开这里，到世界的另一边去住。卡莉的心都碎了，但她还是去了一家商店，在那里，人们能够被精确地复制，就连最微小的记忆也能被完整复制。在她朋友离开的那天，卡莉已经收到了复制人。卡莉需要想念她的朋友吗？

爱是什么？

真

三个探险家来到一片荒无人烟的小岛。不幸的是，他们的地图在旅途中弄丢了。当他们回到文明世界后，他们向人们谈起那些尚未被发现的生物。当人们请他们来描述一下时，三个人给出的描述都不一样，画出来得很相似，但是是不同的形象。我们如何知道那种生物的真实模样？如何知道这种生物是否真实存在呢？

真是什么？

智慧

一群外星人来到地球，解释说他们需要在每个行星上找10个最有智慧的人去解救整个宇宙。他们要求人们来挑选这些人。人们该如何决定送哪10个人去呢？

智慧是什么？

美

一位世界著名的艺术家举办了一场展览，展示他认为自己最优秀的作品。结果，他自认为自己创作的最美的画作，却被每个参观的人嫌恶。那么，这幅画还能称为最美的画吗？

美是什么？

自由意志

你发现所有人类的行为和思想都被一台巨型思想计算机控制着。你是唯一知道此事的人。其他人都是按照程序行动、思考和说话的。你知道的关于这台计算机存在的事实是否意味着其他人都没有自由意志呢？

自由意志是什么？

同一性

一对双胞胎男孩生来在各方面都相同。在他们出生一小时后就把他们分开，并把其中一个男孩送到很远的地方。当他们长大后，他们看起来相貌一样，举止一样，好恶一样，也穿同样的衣服。是什么决定了他们各自的同一性？

同一性是什么？

这些情景并不太适用于幼儿，更适合用来培养作为促进者的你的思维能力。为了进一步发展你的促进能力，我们可以利用后面提到的与孩子一起使用的书籍。这些书中包含了许多我们需要探索的主题和哲学思想。使用这些最好的图画书帮助孩子在他们的早期游戏和讲故事的经验以及以更多样的方式进行抽象思考的能力之间建立起重要的联系。使用、分享和评价孩子们自己的故事将使他们形成对哲学知识的理解，我们希望他们把这一点带到他们对图画书的分析中去。许多成年人在接受教育的过程中可能没有机会了解图画书是如何起作用的，因此重新审视或熟悉这种技能对我们来说也同样有效。如果作为成年人的我们不能完全理解如何从哲学上理解这些书，那么我们也不能期望我们的孩子做到这一点。

使用本书第八章"图画书里的儿童哲学"所引用的最受欢迎的儿童哲学文本，我们能够探索一系列概念，例如：

- 在《当鸭子遇见死神：鸭子、死神和郁金香》（*Duck, Death and the Tulip*）中，我们能够探究死亡、友谊、恐惧、忠诚、信任、爱、知识和命运。
- 在《大盗比尔》（*Burglar Bill*）中，我们能够探究盗窃、选择、家庭、需要、悔恨、责任和道德。
- 在《小红帽》（*Little Red Riding Hood*）中，我们能够探究欺骗、复仇、生存、勇气、残忍、外貌、谋杀。
- 在《利昂与魔法世界》（*Leon and the Place Between*）中，我们能够探究魔法、现实、真理、智慧、同一性和发现。
- 在《野兽国》（*Where the Wild Things Are*）中，我们能够探究梦想、想象、权力、领导、责任和惩罚。
- 在《丹尼弗先生是个大富翁》（*Denver*）中，我们能够探究诡计、财富、幸福、平等、自由意志、嫉妒、仇恨和民主。
- 在《蝌蚪的誓言》（*Tadpole's Promise*）中，我们能够探究同一性、转变、爱、梦想成真、自然和诚实。

前面提到的是在儿童哲学探究课上可能出现的一些概念的例子，列出的书都是非常有益于哲学启蒙的文本。

根据我的经验，我发现，在与孩子们进行哲学探究前，先花时间与教师们一起探究图画书中的概念有利于发展他们对哲学主题的理解和认知。

以下活动可以用在教师研讨会上，以便发展教师的促进作用，或用于与有些哲学基础的儿童一起进行哲学探究，以培养他们更深入的提问技能和概念理解能力。

活动：书里有什么？

选择一些图画书或其他有趣的刺激物。

请参与者列出他们认为适用于所选图画书/刺激物的尽可能多的概念；例如，这本书涉及财富、友谊和权力等。

决定你想进一步探讨哪些概念。在一张大纸上写下标题"什么是……"并添加已选择的概念，每张纸上一个。以小组的形式列出认为可以用来总结这个概念的陈述、假设、观察或说法。

例如：

什么是财富？

要求小组成员提供他们认为可以用来总结问题的陈述，例如：

- 财富使人幸福。
- 财富不仅仅是金钱。
- 钱使得世界运转。

- 没有财富，你会很穷。
- 富人越来越富，穷人越来越穷。
- 金钱赋予人权力。

之后，留出几分钟时间，请参与者与另一组交换他们的列表清单。现在，让每个小组仔细阅读他们拿到的陈述清单。值得注意的是，他们不知道这些陈述从何而来，就这种情况来看，这就如同对陈述、假设或观察进行哲学探究一样。

在阅读了这些陈述后，参与者应该选择其中的一些陈述并将其转化为问题的形式，例如，"金钱赋予人权力"可能变成"金钱赋予人平等的权力吗？"。

把这些陈述转化为问题的过程应该能够有利于激起关于某个陈述的解释以及它可能导致的问题的对话和辩论。

向儿童介绍哲学概念

当我和年幼的孩子一起进行哲学探究时，我会首先通过玩偶和童话故事人物来向他们介绍这些概念，然后再转向阅读或其他刺激物。

在与幼儿一起进行的早期探究中，我们通过直接说出某一哲学概念来引入它，比如，"当你说一个人想要他自己没有的东西时，这就叫嫉妒"。

我们在这本书的最后和同步网站[1]上提供了相应的概念卡，你可以复印或者下载下来，并把它们做成卡片的形式，用于向孩子介绍这些概念。

---

[1] 可登录布鲁姆斯伯里出版公司（Bloomsbury Publishing PLc）官网检索本书英文书名（*Why Think?*）查询。——译者注

下面是我们在理解概念方面共同进行探究的摘录。这个案例研究展示了一组经验丰富的儿童是如何使用卡片作为视觉提示的。把卡片放在他们面前有助于他们确定书中的主要问题,并围绕这些问题进行提问。这个过程还能生成更有意义、更具哲学性的问题。

案例研究:哲学俱乐部

科林·汤普森(Colin Thompson)的图画书《城堡》(Castles)——使用其中标题为"诺亚方舟"页面上的插图。

我给孩子们留出时间,让他们先来分享和讨论他们在插图中看到的东西。然后,我读了上面的说明文字"大多数人都不知道诺亚还有个姐姐……"。

我让孩子们告诉我他们所知道的传统的诺亚方舟的故事。

接下来,孩子们画出了自己心中的诺亚方舟,并就这一刺激物提出了一个问题。

我向孩子们解释,他们必须要将概念卡与他们的问题匹配起来。

我将概念卡摊开,让孩子们找到与他们的问题最匹配的一张或多张卡片。

促进者:故事中有哪些概念?

亨利:憎恨——诺亚恨他的姐姐,因为她有个更好的方舟。

乔治:我觉得他有点嫉妒。

阿比:你是说他恨他的姐姐吗?因为我不这么觉得,他不会恨他姐姐的。不会的,他没有恨,你也不能恨自己的姐姐。他就是嫉妒她。

促进者:那么,憎恨和嫉妒是两个独立的概念吗?

阿比：是的。诺拉并不想自己的船比诺亚的好。嗯，她觉得没有人尊重她，所以她要做更好的船，她这样做并不是要让弟弟难过。

促进者：你说的尊重是什么意思，阿比？

阿比：尊重就是没有人认为她能做好，所以就嘲笑她，不认真地对待她。

促进者：（拿起写着"自由"的卡片）这里面有与自由概念相关的吗？

拉韦尔：有。诺亚和他的家人一起逃走了，动物们也躲过了洪水，所以他们自由了，他们想放生动物，即使有些动物没有活下来，只有那些会游泳的活下来了。

乔治：我认为那是力量。因为蛀虫有力量穿过木头。

弗雷亚：诺拉有力量，她成功地建造了方舟并设法使得方舟上的塔楼得到了平衡。

亨利：那也意味着智慧。

促进者：智慧意味着什么呢？

亨利：认真思考。

乔治：你的意思是要做一个计划？

亨利：对，如果你很好地做了一个计划，那就是智慧。

（我举起"规则"概念卡。）

乔治：诺亚方舟上的规则就是不要使船沉，但是蛀虫打破了这个规则。

促进者：动物能够打破规则吗？

乔治：嗯，我认为它们必须遵守规则，因为它们都在做同样的事情。比如斑马都是食草的，狮子都是有攻击性的，你不能攻击斑马，那就是违反规则。

促进者：那么谁来决定规则呢？规则必须是口头上同意的吗？

亨利：我不认为必须这样，因为动物不会说话。

奥利维娅：或者它们能够通过哼哼或者吼叫来交流？

促进者：我觉得这里面有生气（阿比从地板上捡起"生气"的卡片）。

阿比：有一点，因为他们对彼此生气了。

麦迪逊：嗯，我觉得她没有生气，因为她在知道诺亚把蛀虫放进她的方舟之前她就死了。

乔治：（选择了"惩罚"的卡片）也就是说，当诺亚和诺拉生气时，他惩罚了她。

因为他弄坏了东西。

蒂莉：（举起"财富"的卡片）对，方舟是他的。

奥利维娅：但他并没有钱，方舟不是买来的，只是他做的。

促进者：我们能够把这张卡片包括在内吗？谁能证明这个概念是对的？

（小组不同意蒂莉的意见，她很高兴就放弃了原来的想法。）

（拉韦尔拿起"欺骗"的卡片，但他有些不确定。）

阿比：是的，诺亚骗了诺拉。在他们出发前他说的是：诺拉，我不会把蛀虫放进你的船的。

他大叫着说，你的船不会沉的。

亨利：但那不是欺骗，那是说谎。

促进者：欺骗和说谎一样吗？

阿比：不一样，欺骗没有说谎那么坏。

促进者：那你刚才说的是关于欺骗还是说谎呢？

亨利：我觉得事实上那是关于聪明的。

诺亚很聪明。

他有个伟大的想法，就是把蛀虫放进船里。

阿比：但是诺拉造的船才是最好的。

拉韦尔：诺亚做的只是别人让他做的事。

亨利：我觉得诺拉是最聪明的。

拉韦尔：我要改主意了。我也觉得她最聪明，她自己造了一艘大大的船。

乔治：我不同意，诺亚才是最聪明的，因为当他知道大洪水就要来的时候，他驯服了蛀虫，让它们不咬他的船而是训练它们去咬诺拉的船。

亨利：也许他知道。但是他并不是最聪明的，因为他只知道蛀虫能咬船，是有人告诉他的。

促进者：所以如果有人告诉你一些事情，那是否就意味着你不聪明呢？

蒂莉：不，这并不意味你很聪明，而是意味着别人很聪明。

促进者：那么，如果我告诉你世界是圆的，而你原来并不知道，然后你告诉其他那些不知道的人，那么是你聪明还是告诉你的那个人聪明？

阿比：告诉你的人……但是如果是别人告诉这个人的呢？或者其他人告诉这个别人的，如此等等呢？

促进者：并且如果你告诉的那个人又告诉了其他人，那么谁是最聪明的？你还是你告诉的那个人？

亨利：你。

阿比：……哦，我感觉现在有点乱。

最早告诉别人的那个人是最聪明的，不是吗？

促进者：那么，怎样才能变得更聪明点呢？

拉韦尔：我们学习。

亨利：但是，要是有老师告诉我们一些事情，那么是老师聪明还是我们聪明？

阿比：嗯，我们也很聪明，因为我们记住了老师说的话，然后能够聪明地告诉别的人。

亨利：但是，也许人们并不知道之前有人已经说过这件事了，所以，他们以为他们是最早说出来的人，那就是说，如果这件事来自他们的大脑，他们一定很聪明。

阿比：肯定有人会最先想出来的，或许有时候别人不告诉我们，我们就知道一些事？

比如诺亚知道蛀虫吃木头而不是木头做的。

乔治：是的，我同意。他从蛀虫这个名字就能知道它们在船上会咬船的。

促进者：那么"责任"呢？（我拿起"责任"的卡片。）

奥利维娅：对，诺拉在照顾动物们，诺亚也是。

阿比：但他不关心他的姐姐，她应该比动物更重要。

他只关心他自己船上的动物，不关心诺拉船上的动物。

乔治：他只有一半的责任感。

促进者：只对一些动物负责比不对任何动物负责要好吗，还是他要对所有动物负责？

阿比：嗯，只救一部分动物是不负责的。

起初我认为他更关心他的姐姐，努力去救她，但后来当他嫉妒的时候，他变了，他不再那么关心姐姐了，因为他嫉妒，也许他也不想让姐姐的船沉下去。

促进者：太好了，现在我们已经有了很多概念，我们能够用这些概念提出一些更具哲学意义的问题。

阿比：我想我们应该问一问："为什么他的姐姐建造了方舟之后，诺亚不像以前那样关心姐姐了呢，他为什么变了呢？"

亨利：我想问："当他不需要这么做时，为什么他还要做把船弄沉这么坏的事情？"

奥利维娅：比起他的姐姐，诺亚更关心动物吗？

乔治：我想问的是："诺亚和诺拉谁最聪明？"

总结：小组成员有信心确定并证明他们认为刺激物中包含哪些概念，对这些概念的选择形成了最初的对话，这既是这节课探究的起点，也引发了孩子与家长进行的后续谈话。花点时间来确定这些概念，能够帮助小组分析每个概念在此刺激物背景下的含义，并在此基础上提出更好的问题。

更好地提问

当孩子们理解了他们正在处理的概念后，他们就能够提出更多的哲学问题。他们不再是为了提问而提问，而是在他们真正感兴趣的探究话题上提出进一步推进的方法。下面的案例研究展示了我是如何向孩子们第一次介绍提问技能的。

案例研究：幼儿的提问

我和20名幼儿一起使用图画书《为什么星星总是在晚上出来？》(*Why Do Stars Come Out at Night?*)进行了这次探究。我们一起读了这本图画书。这个故事讲的是一个小女孩在和她的爷爷一起散步时对他们看到的一些东西进行的提问。爷爷给出了很有趣的回答。我们读了他的答案，也给出了我们自己的一些答案。然后，我问孩子们是否能够再多问爷爷一些问题：

埃拉

肯尼迪

亚斯明

促进者：什么是问题？

霍莉：问题就是有人想跟你说话。

西布莉：你得有一个问题符号。

波皮：然后你要回答。

促进者：我们总能找到问题的答案吗？

霍莉：有时候我们能找到答案，在一个国家我们能找到答案，在其他国家我们却找不到答案。

米莉：在其他国家找不到答案，是因为我们不懂他们的语言。

波皮：还有，如果我们脑子里没有答案，我们就无法回答。

促进者：我们试着问几个问题，看看能否得到答案。

促进者：你今天是怎样来学校的？

莱克茜：坐车。

促进者：我们怎么知道她是坐车来学校的呢？

瑞安：因为我看到了。

促进者：所以我们知道那是真的，是因为我们亲眼看到她在车里吗？我们现在得到的答案是个好答案吗？

瑞安：是的，但是，如果有好几辆车，我们怎样知道莱克茜在哪辆车上？

促进者：那么，我们现在要不要再问一个问题？

杰茜卡：我们能够问她，她的车是什么颜色的？

霍莉：彩虹有很多颜色，要是她不告诉我们她的车是什么颜色，我们怎样才能知道呢？

瑞安：如果那些车有这么多颜色，而且还有相同颜色的车，那我们又怎么知道哪辆是莱克茜的？

蒂尔勒：我们能够问问她，她的车是什么形状的？是顺着还是反着放的？

促进者：有时候我们能够通过追加一些问题找到答案，有时候我们得到不止一个答案，而且我们也不知道哪一个是我们想要的。

促进者：你们还记不记得这本书里的一些问题？你们觉得我们找到那些问题的答案了吗？

波皮：我们找到了一部分。对于"草为什么是绿的？"，我们没找到答案。

西布莉：不对，我们找到了……因为草就是绿的。

凯蒂：有些人认为草是紫色的，有些人认为草是绿色的，还有一些人认为草的颜色取决于你的肤色。

促进者：这个想法有点奇怪，是不是？

米莉：不过，在这本书里，我们可以很容易地从爷爷那里得到答案。

促进者：我们能再想出更多的问题来问爷爷吗？他是不是很擅长回答问题？

米莉：对，不过要是爷爷也没有找到答案呢？

蒂尔勒：那样的话，我们就再问问别人。

杰茜卡：我们可以问问美人鱼。

波皮：但是我们怎样知道答案是什么？

促进者：我想我们能够通过交谈和倾听来帮助对方得到答案。我们能画出自己的爷爷，然后问他一些问题吗，就像书里那样？

西布莉：不行，因为他怎么能听到呢？他都没有耳朵。

哈里：嗯，我们给他画上耳朵。

波皮：但他只是一张图片啊，他怎么能听到呢？

促进者：我们今天只能假装了，瞧，画好了。

孩子们：你好，爷爷。

促进者：有人有问题问爷爷吗？

凯蒂：我们为什么需要手？

祖德：为什么有些人戴眼镜？

霍莉：为什么天空是蓝色的，为什么大海是蓝色的？

凯尔茜：为什么一切都是白色的？

波皮：不是所有东西都是白色的。（孩子们指出有不同颜色的东西。）

促进者：那我们能来改改那个问题吗？

凯尔茜：好，为什么东西都有不同的颜色？为什么有白色？

祖德：不是彩虹色。

促进者：这个（蓝色的）东西是白色的吗？

孩子们：不是。

促进者：如果我跟一个小婴儿说这是白色的，会怎么样？他会不会认为这就是白色的？如果我就把这个颜色叫作白色呢？

米莉：不，他看到这个东西，会说是蓝色的。

波皮：可是他都不会说话啊。

促进者：小婴儿是如何知道颜色的呢？

西布莉：他们知道然后就点头。

促进者：没有人告诉他们的话，他们能知道吗？

米莉：你看他指什么你就能知道他想要什么。

促进者：他们刚出生的时候就都知道了吗？

孩子们：不是。

米莉：我想小婴儿的妈妈会告诉他一切的。

促进者：也许以后我们能够思考一下怎么认识事物，这就是哲学上称为知识的东西。

促进者：还有人有问题要问爷爷吗？

瑞安：为什么我们的皮肤这么白？

蒂尔勒：不是，皮肤是粉红色的。

杰茜卡：为什么西布莉这么黑？

凯蒂：她不一样，她的皮肤是棕色的，跟我们的皮肤不一样。

西布莉：这就是为什么我的妈妈和姐姐跟我的肤色一样。

（我们以前曾经多次讨论过种族差异问题。）

凯尔：为什么基兰身上有个植入体？

哈里：因为他一生下来就听不见。

瑞安：就是因为他天生耳聋。

祖德：他能听到我们的声音，但如果他不戴助听器就听不到。

促进者：我猜爷爷会很开心思考这些问题的。

我来读一读大家的问题，你们能帮我想想这些问题是关于什么的吗？这里有两类问题。我读给大家听。

（我读了与人有关的几个问题。）

波皮：我们问的是关于人的问题。

促进者：你认为所有的人都一样吗？

米莉：不，西布莉不是白人，她的肤色和我们不一样。

促进者：基兰身体里有一个植入体，有些人个子很小，有些人很高大，还有金色的头发。

霍莉：你是长大了，但你还是很小。

埃拉：肖娜4岁，就是说她还很小。

波皮：之前来的人已经4岁了，但是伊娃、蒂尔勒、凯尔、奈尔拉都是新来的，他们还是3岁，所以他们很小。

米莉：新来的人都很小。

促进者：所以我们能只问爷爷一个关于人的问题，而不是问他很多不同的问题吗？

埃拉：我们都是不一样的。

凯尔茜：是的，我们能说出为什么我们都不一样的原因。

肖娜：我不小了。我已经长大了一点。

霍莉：你是长大了，但你还是很小。

波皮：她才4岁，她很小。

促进者：剩下的问题都是关于别的的，是不是？

哈里：其他的都是关于颜色的。

促进者：我们可以问"什么是颜色？"，或者为什么我们有五颜六色的东西，可能这是关于颜色的另一个问题？

米莉：比如婴儿知不知道颜色？

促进者：这将是个很有意思的问题，不是吗？

总结：在探究的早期阶段，孩子们仍然容易混淆陈述和问题。向他们示范如何将陈述转化为问题通常是必要的。我们需要让孩子们知道，一个问题需要某种回应。在这个案例研究中，孩子们把回答书中问题的经验和他们想问的问题联系了起来。在这一阶段，我们的目的不是让问题具有哲学意义，但是，我的引导确实强调了一些有趣的问题，这向孩子们传达了这些是我们认为有价值的问题。

案例研究：提出更好的问题

这节课的参与者是一些有过哲学探究经验的孩子，目的是展示孩子们发展提问技能的潜力。随着提问质量的提高，他们的对话水平和对哲学概念的理解也就随之提高了。

促进者：今天我们将思考一些哲学问题。我先准备了一个问题，你们可以试着来回答一下，然后你们可以再试着自己提出问题。

当时钟向前走的时候，过去的时间去哪里了？

亨利：时间肯定是去了某个地方。

你不能改变时间。

你不能让时间变快或变慢。

你不能让时间停止。

如果你没有时钟，时间也会继续。

乔治：你可以用日晷，它们是石头做的，能够告诉你时间。

促进者：如果没有日晷呢？

亨利：就看太阳。

拉韦尔：但是如果是阴天呢？

阿比：如果我们根本不用时钟，人们就没法知道什么时候上班，什么时候做饭。

蒂莉：晚上我们会知道去睡觉的，因为身体会累。

促进者：如果所有的时钟都在凌晨2点停止，那么时间会静止吗？

亨利：不会，因为时间不会停止。

拉韦尔：即使地球上的每个人都被冻住，时间也会一次又一次地重复。

亨利：我不同意，除非你做了那样的发明。

乔治：有一些故事就是这么讲的，时间能够重复。

促进者：有可能吗？

乔治：有时候你会觉得时间在不停地流逝。

亨利：如果时钟停了，那么时间还是会继续的，时钟只是用来让我们看时间的。

麦迪逊：时间过得很快，这意味着你玩得很开心。

促进者：在不同的时候，时间真的走得有快有慢吗？

麦迪逊：不是的，那只是人的感觉。

亨利：时钟往前走，时间哪儿都没去，因为凌晨3点实际上……这有点傻，因为它并不改变时间。那只是个时钟。时间不是时钟，时钟只是个机器。

亨利：时间总是发生吗？时间会结束吗？

好吧，世界总有一天会消亡，比如一百万年之后。

促进者：世界消亡，时间会停止吗？

亨利：不会，因为所有东西都在继续，也许在一千亿年之后可能有个终结。但是我也不知道了，因为我不能从这个时间走到那里，我不知道怎样做，而且我为什么要在时间里向前或向后走呢？

拉韦尔：我愿意回到过去，这样我就有更多时间玩任天堂游戏了。

亨利：我想一直往回走。

阿比：回到恐龙时代吗？

乔治：或者流星撞击的时候？

促进者：一直往回走？时间从哪里开始呢？

亨利：嗯，曾经没有黑暗，没有光明，什么都没有，只是虚无。

促进者：虚无是有还是无？

亨利：怎么说呢，这只是一个名字，实际上什么都没有。它没有边缘也没有中心。让我继续给你讲……然后发生了一些奇怪的事情……旋转开始了，它变得越来越大，然后时间就开始了。

促进者：有如何从无中产生呢？

亨利：我不知道，我想回到时间产生之前去弄个清楚。

总有一天我会发现的，我比我哥哥多两年的时间去寻找答案，因为我比他小两岁。

促进者：很好。那么我们今天要提出自己的哲学问题。我会把概念卡拿出来，你要问一个没有人知道答案的问题。通过进一步追问，尽你所能，让问题越难越好。今天我们的挑战就是倾听每个人的问题，再问他们一个问题，让他们尽量去思考。

（以下是孩子们提出的问题。）

拉韦尔：我们怎么知道我们不是机器人？

马迪：为什么从宇宙中看世界这么小？

阿比：是否还有我们不知道的行星，那里会不会有外星人？

亨利：时间为什么会开始，它会不会停止？

奥利维娅：太阳为什么是黄色的？

蒂莉：我们怎样知道黄色是什么？

促进者：如果你是个盲人，会有黄色的东西吗？如果你从来没见过黄色，你怎么知道黄色是什么呢？

蒂莉：我们可以把它描述成明亮的。

促进者：可是你也不知道什么是明亮？

蒂莉：那就太难办了。

弗雷亚：为什么狗有毛？

促进者：如果我们去掉狗的所有毛，它还是狗吗？

弗雷亚：也许它还是狗，因为是你买来的，所以你知道它没有变。

马迪：除非有人在晚上把它换走。

促进者：那样你就知道了吗？

弗雷亚：嗯，听它的叫声就不对了。

阿比：或者它可能是只机器狗，就像拉韦尔问的那样！

乔治：有个问题一直困扰着我，如果时钟是人造的，那么它怎么能告诉我们时间呢？一个人必须把他记得的东西放进时钟里，这样它才知道什么是一分钟，什么是一秒钟，但是他怎么会事先知道呢？

促进者：乔治的问题是关于时间，以及人们是如何将记忆放进时钟的。乔治，你能再多解释一些吗？

乔治：好的，时钟是人造的。我想知道他是怎样知道时间的？

亨利：嗯，1分钟是60秒，而……

促进者：也就是说，他是第一个制造出首个时钟的人，他要发明第一个用来告诉我们时间的机器……那么他是怎么知道一分钟是多长的呢？

亨利：他数数，1、2、3……

促进者：那他发明了"秒"吗？他也发明了数数，给它命名为一个像"秒"的名字？

拉韦尔：他能够到网上查一查。

阿比：可是拉韦尔，那时候都没有时钟，怎么可能有互联网呢？

促进者：时钟能自己思考吗？

乔治：不会，如果一个时钟自己会思考，那会是一场灾难，它可能会是活的并且会跑开的。

它可能会把自己从1点变成12点。

促进者：那它怎么知道应该是什么时间呢？

乔治：时钟是个很神秘的东西，它们是那种只能按照被规定的方式来行动的东西。

亨利：我认为时间决定时间。

乔治：这样的话，接下来我们的一个问题就是，"时间决定时间吗？"。

亨利：时间是怎样开始的，它会不会结束呢？

促进者：已经有两个更值得思考的问题了，干得好，孩子们！

亨利：可是，时间会不会继续呢？

促进者：拉韦尔的问题是，我们怎么知道人不是机器人？关于这个问题，大家还有什么想问的吗？

拉韦尔：嗯，我妈妈生我的时候是要在身体上开刀的，因为她流血了。机器人不能生出另外一个机器人，他们的肚子是金属的。

促进者：那怎么知道你妈妈不是机器人呢？

弗雷亚：也许是穿着带拉链的服装？

亨利：我们怎么知道没有一个像机器人那样的东西，他身上真的流着假血呢？

促进者：好问题，亨利，他们能造出一个各方面都像人的机器人吗？

亨利：生化电子人（Cyborg）就是一个看起来像人的机器人，比如安卓也是。

拉韦尔：你能设计出一个人，但机器人不会是那样的，它需要汽油和电，它还有按钮什么的。

促进者：它会有自己的记忆吗？

拉韦尔：可能会的。它应该会有一个机器人大脑。

促进者：会与人的大脑一样吗？

拉韦尔：不会的，你可以取人的大脑放进机器人的头里，这是唯一的办法，我可不喜欢那样做。

促进者：你怎么知道没有发生过这样的事情？

拉韦尔：拍个 X 光片就能知道。

乔治：我知道我不是生化电子人，因为我牙齿都松动了。

亨利：可是你又怎么知道那不是故意设计机器人复制了牙齿松动呢？

5—7 岁孩子的哲学俱乐部：机器人蓝图

这群孩子把讨论从提问扩展到关于机器人的一个小型论题。这些问题显示了他们对身份本质以及"不是人类"意味着什么的深入思考。

我先让孩子们用绘画和图示形式每人设计一个机器人，然后让他们针对彼此的机器人进行提问。

以下是孩子们在对话过程中提出的关于机器人发明的问题：

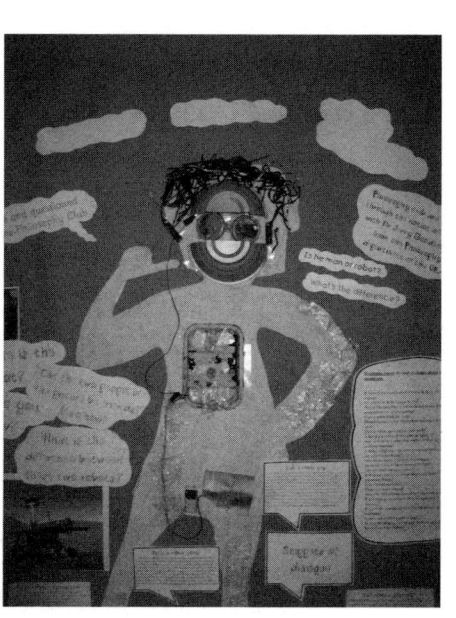

- 机器人如果在做饭的时候烧到了自己，它会哭吗？
- 只有人类才会哭吗？
- 如果机器人被设计成能够做任何事情，它们会做坏事吗？
- 机器人会独立思考吗？
- 人类应该通过制造机器人来赚钱吗？
- 应该给工作的机器人付报酬吗？
- 关闭机器人等于杀了它吗？
- 一个洗衣机器人和洗衣机有什么不同？
- 机器和机器人有区别吗？
- 机器人有大脑吗？
- 我们如何知道机器人是否有大脑？
- 大脑里面一定在学习吗？

- 我们能教机器人学习吗?
- 如果一个机器人内置了记忆电路,它能记住什么?
- 这是真实的记忆吗?
- 什么是真实的记忆?
- 既然机器人一直长不大,它们怎么能记住呢?
- 如果一台计算机记得我们键入的是什么,它算是有记忆吗?
- 如果我们的大脑是由电信号构成的,我们就像机器吗?
- 机器人有人格吗?
- 你的人格是你大脑的一部分还是你身体的一部分?
- 机器人能生宝宝吗?

关于促进者角色的反思

- 通过这一章你对哲学问题的看法有没有改变?
- 你和同事、朋友、家人分享过这些活动吗?
- 你对孩子们观点有效性的看法有变化吗?
- 你有没有曾经让自己沉浸在优秀的图画书中?
- 这是否改变了你希望为教室提供资源的方式?
- 你将如何确保这种方法论可以扩展到具体的儿童哲学课程之外?

第四章

培养哲学思维

制定哲学探究的基本规则

哲学技能的渐进发展

利用每日问题板促进哲学技能的发展

制定哲学探究的基本规则

当作为促进者的我们已经习惯了哲学概念的性质和有目的的提问后,我们就能以一种更具哲学意义的方式与孩子们一起开展探究。孩子们需要发展支持探究的技能。

在任何形式的探究中,建立对话、交流和理解的基本规则都是很重要的。我们旨在培养的技能都依赖于儿童在团体中的倾听和交流能力。当进入幼儿园后,规则对幼儿来说变得非常不同。他们突然被要求在 20 个甚至更多的人面前发言。教师希望他们能够证明自己的想法,并通过分享这些想法形成凝聚力。当我们在孩子们进入幼儿园的第一周向他们介绍思考规则时,我们告诉孩子们这就是学校。如果学校是一个我们希望他们在未来几年内归属的团体,我们就必须确保所有儿童都掌握这些规则。

思考桥——一种视觉行为准则

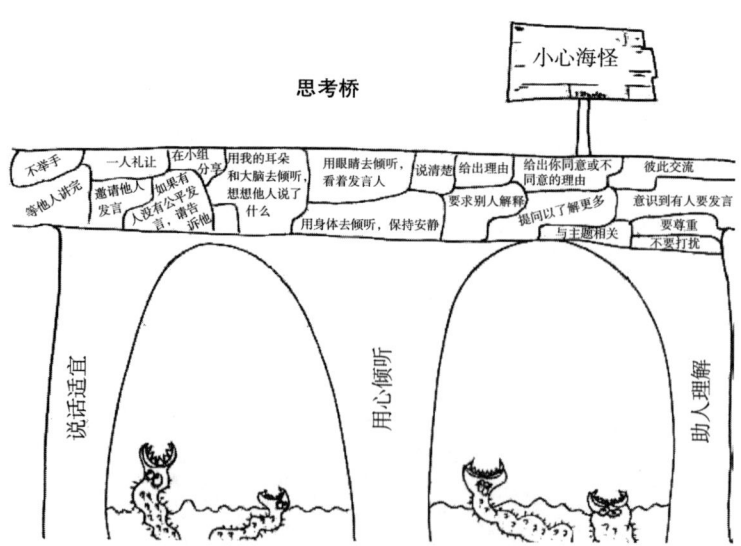

从第一周开始，我们就在教室发明了一种视觉思考桥，它能够帮我们从一块陆地跨越汹涌的大海到达另一块陆地（通常会在海水中画上吃人的海怪以增加戏剧效果）。

如上图所示，这座桥有三个桥墩支撑，每一个都代表一条思考规则。我们要走过的这座桥是由许多木板或石块构成的，它们代表了我们认为的这三条规则的真正含义。如果桥墩是脆弱的，那么整座桥就会摇晃，我们就可能会有坠落的危险。谁也不想被海怪吃掉，对不对？

这三个桥墩是：

- 说话适宜。
- 用心倾听。
- 助人理解。

为了建造这座大桥，我们必须先谈谈我们对这些规则的想法、理解和信念以及这些规则看上去、听起来和感觉起来如何。

桥墩 1——什么是"说话适宜"？

在日常交谈中，我们不需要举手，我们的孩子在户外、电影院或餐桌上也不会使用举手的方法。当婴儿开始学习说话时，我们通过交流教会他们什么是谈话。我们说完话后会停下来，给他们留出说话的空间，然后我们再做出回应，等等。随着孩子的成长和自我中心感的增强，我们提醒他们，打断别人说话或谈论别人是不礼貌的。在学校的环境下，举手的方法可能是可行的，但也非常成问题。谁来选择有权下一个发言的人？孩子举手的时候在想什么？那些从不认为自己能给出答案的孩子怎么办？自然的对话是这样的吗？

相反，我们应该一起学习如何在一个小组中进行对话。我们一起练习游戏和活动，以说明轮流发言的重要性。有关游戏和活动的示例，请参见《但是，为什么？》(*But Why?*, Stanley&Bowkett, 2004)。当出现发言混乱时，我们会提醒孩子们注意，然后终止发言过程。我们提醒孩子们，如果说话后不留出空间，思考就不能继续。这确实需要时间，但很值得付出努力。当其他人试图说话或主宰交谈时，孩子们最终自己学会了如何促进他们的对话，以及如何提醒注意。我告诉他们可以对彼此说"你已经说了很多""××，你有什么看法？"或者"先让我把话说完"。

在我的课堂上，我们一起讨论了"说话适宜"是什么意思。我们提出了以下一些指导方针：

- 不用举手。
- 等待别人把话说完。
- 邀请别人发言。
- 如果有多个人同时说话，那么有人必须让步。
- 如果有人没有公平发言，就要提醒他们。
- 与整个小组交流（而不只是与你相邻的同学交流）。

桥墩 2——什么是"用心倾听"？

中间的那个桥墩是关于如何理解什么是"用心倾听"的。

听（hearing）与倾听（listening）之间有很大的区别。倾听很容易成为一种被动的练习。我们要确保哲学探究或基于探究的学习能够让孩子们进行积极的倾听。这包括认识到我们进行倾听是有原因的，例如，寻找方法来推动思考的发展。

正是通过倾听，我们才能学会理解别人的想法或信念。积极、反思性的倾听包括解码、解释和理解他人所说内容的能力。当我们这样去倾听的时候，我们也在反思我们自己说的话。我们以不同的思维模式听到了自己的想法。大声说出我们的想法，然后批判性地去倾听它们，让我们能够检验我们思维的清晰性和一致性。这种倾听形式也是一种移情倾听。它需要的不仅仅是语言，还有对感受的认可。当然，这是理解哲学的一项重要技能。我们在倾听和感受重要的事物，通过积极的倾听，这些思想得到了表达、尊重和重视。我们认为倾听是积极的，因为不仅仅是我们的耳朵听到了词语，我们的大脑也必须处理这些词语，理解它们并赋予它们意义。在倾听的过程中，我们也会使用眼睛和身体。

课堂上，我让孩子们去体验当他人不与我们眼神接触时的感受。我要求他们在谈话时避开别人的目光或表现得坐立不安，然后我们思考和谈论我们的感受。接着，我们主要关注让他人知道我们在倾听，我们练习需要眼神交流的课堂游戏和活动，这些活动也需要使用肢体语言和手势以及面对面的交流。

桥上记录了我们一致同意的关于用心倾听的要求：

- 用大脑去倾听——想想他人说的是什么。
- 用眼睛去倾听——看着发言人。
- 用身体去倾听——保持安静和冷静。

桥墩 3——什么是"助人理解"？

第三个桥墩是"助人理解"。

这是对哲学严谨性的比喻，否则，哲学就只能是一场缺乏逻辑合理性、不求甚解的对话。群体中的同伴参与人可以帮助获得理解。作为成人，我们知道，当我们能够相互激发观点和想法时，理解和创造力就会蓬勃发展。与同伴的这种互动导致了更深入的探索。它让我们能够回顾我们自己和他人的想法。如果不回顾，我们就无法更有效地继续前进。

为了更深入地理解，我们必须确保我们要求澄清那些使我们困惑或看起来不相关的想法。在探究过程中，孩子们经常被允许"闲聊"，因为教师担心如果阻止他们会降低孩子们的自尊。不应该容忍漫无边际的闲聊，相反，应当引导孩子们确保他们的想法是相关的。我们可以教孩子们如何应对无关的陈述，比如，"我不确定我是否理解了"，促进者可以问"这是否相关？"，我们必须考虑这些漫无边际的谈话是否有成效。孩子仅仅是不知道小组在说什么吗？这时，教师可以重复前面的问题或观点，让他们停下来重新思考他们的答案。

哲学探究涉及形成共同的理解。要使得探究取得成功，整个团体都应该承担起责任。他们应该以合理的方式使用赞同或反对的语言。探究的结果完全依赖于良好的引导，这种引导不仅来自成人。孩子们应当通过相互质疑对方的观点来增进整体的理解。

我们一致同意的促进理解的规则如下：

- 发言清晰，有根据。
- 给出良好的理由。
- 请教别人做出解释。
- 给出赞同或反对的理由。
- 提问以得到更多信息。
- 保持相关性。

- 互相交谈——使用名字。
- 关注其他想要发言的人。
- 尊重别人，不嘲笑别人的想法。
- 不干扰别人的探究。

你可能希望让孩子们使用空白的纸张自己确定探究的规则。允许他们探究这些基本规则是如何起作用的意味着他们有责任完成探究。在课堂上展示思考桥，必要时让孩子们关注他们关于思考行为的规定。思考桥不仅对哲学探究课程有益，而且对任何以思维为基础的游戏、对话和同伴互动行为都有益。

一旦基本规则建立起来，我们就迈出了介绍哲学思维技能的第一步。探究的技能和规则是紧密联系在一起的，它们一起构成了哲学探究所需的基础。

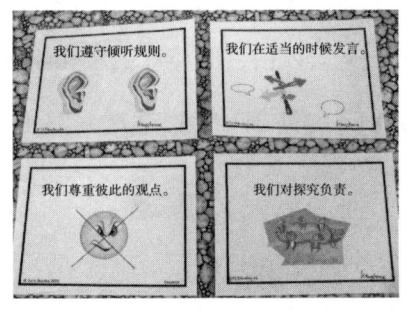

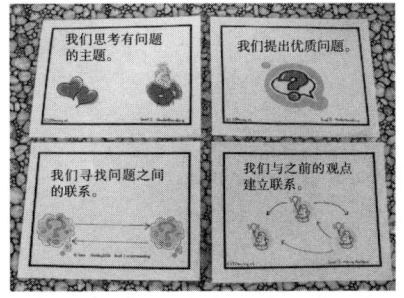
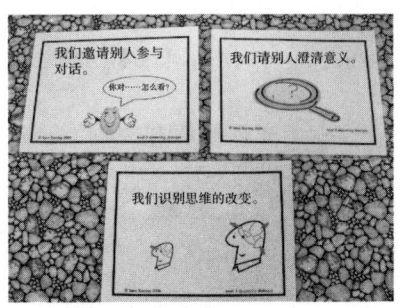

传统的儿童哲学探究模式要求，孩子们必须能够提问、证明自己的回答，并以苏格拉底式对话的方式开展共同探究。然而，如果期望儿童与缺乏经验的促进者立即满足这种要求是不合理的。要进行成功、令人兴奋而且愉悦的探究，我们有必要首先分析一下我们必须采取的步骤。

我们不能期望孩子们在事先没有学到所需基本技能的情况下去写小说，因此我们需要将探究过程分解为渐进的、可掌握的技能。

我和玛丽亚·科尼什一起研究制定了儿童思维的基本技能，并称之为哲学基石（也参见《但是，为什么？》一书）。我们将这些基石以一个渐进的顺序排列，并且这些技能与年龄无关，而与经验水平有关。这些基石成为计划、回顾和评估哲学探究进展的基础。

我们为孩子们提供的活动和体验有助于他们发展哲学理解力。我们会时不时地尝试在传统模式下以图画书的形式开展探究，这样我们就能知道孩子们掌握了哪些技能，他们还需要发展哪些技能。这些哲学基石也可以用作一种富有成效的多元评估工具。它们能够用于个人评估、同伴评估和小组评估。促进者可以通过查看被使用的技能做出评估并制订关于哲学探究的下一步计划。

哲学技能的渐进发展

做出选择并证明其合理性

- 儿童理解探究规则。
- 儿童能够做出决定并记住规则有哪些。
- 儿童对他们的选择给出理由。
- 儿童理解他们是否赞同或不赞同其他想法，包括自己的想法。

- 儿童能够做到发言适宜。

使用概念

- 向儿童介绍概念。
- 儿童积累概念。
- 儿童能够在刺激物中识别出概念。
- 儿童能够看到概念之间的联系。
- 儿童能够根据概念提问。

问题与联系

- 儿童能够问一个有关刺激物的问题。
- 儿童能够理解关于探究的好问题。
- 儿童能够将问题与概念相匹配。
- 儿童能够将问题与概念相关联。
- 儿童在同样的问题中能够看到更多的概念。

探究与对话

- 儿童能够理解对话中的概念。
- 儿童能够通过投票决定他们感兴趣的问题。
- 儿童能够形成一个观点。
- 儿童能够自己促进他们的探究。
- 儿童能够指出矛盾。
- 儿童能够符合逻辑地思考。

利用每日问题板促进哲学技能的发展

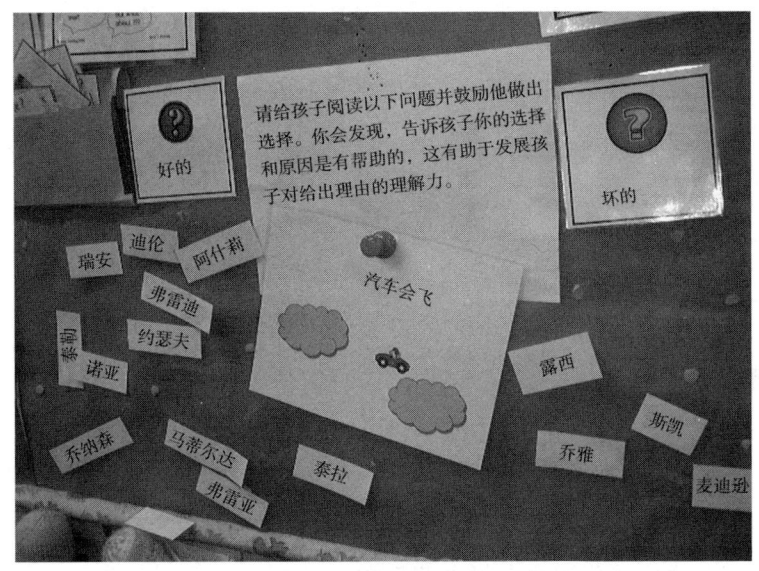

为了提出用于培养批判性思维的陈述和问题,我们必须牢记前几章中提到的关于大问题的深思。

为什么要使用问题板?

大概念始于小时刻,小时刻终于大概念。

每日问题板被用于鼓励孩子们的每节课都能以一个观念或问题开始。这给孩子们和他们的父母们传递出一个强烈的信息,那就是他们要进入一个思考空间了。

问题板刺激物的性质在本质上是很有趣的,通常是基于幼儿感兴趣的童话和观点。然而,我期望传达的是,思考是需要交流的东西,在我们的教室里，它的地位是非常高的。

问题板上的想法被张贴在教室的哲学展板上。

如何使用问题板？

当孩子与他们的父母或照料人一起来到教室后，他们会找到自己的名字，并将名字放在问题板相应的关于问题的答案或想法下，这样也能起到签到的作用。

我会站在问题板旁欢迎孩子们和家长们并做出示范这样说道，比如，"你为什么这样认为呢？""你和你家大人的想法一样还是不一样？""我想知道如果……会怎样？"

家长们很快就学会了这种与孩子互动的方式，在幼儿园看到这么多家长对孩子的观点表现出兴趣，令人为之一振。这也向家长传达了一个非常有力的信息，即我们不仅重视孩子们的智力发展，也重视他们的想法。

问题板活动也遵循哲学技能的发展顺序。我从让孩子们做出选择并证明其合理性开始，我每天都会使用问题板上的卡片，直到我认为孩子们充分掌握了这种哲学技能。

这个活动可以持续进行一整个学年，当然，你也可以把自己的想法添加到观点库或孩子们的想法中。我在问题板上展示的卡片也可以作为开展基于活动的简短探究的刺激物。另外，教师也可以在一天中的不同时间提及这些问题和观点，比如点心时间。孩子们经常在集中学习时间（carpet time）提到问题板上的卡片，把上面的问题与我们可能讨论的事情联系起来，或者只是提醒我他们是怎么想的。

有时，孩子或家长可能会说他们做不了决定，不知道选问题板上的哪个答案。这个时候，我就会把问题展示给整个小组看，问问他们是否可以讨论一下，以帮助那个孩子或者家长做出决定。我不允许孩子们把自己的名字放在模棱两可的中间部分，相反，我会鼓励他们扮演科学家的角色。通常我们不知道该给出哪个答案，我们可能没有足够的信息来做出决定，或者我们可能害怕给出错误的回答。在这种情况下，我们可以按照科学实验中先给出假设的方法来处理，先做出一个决定，看看会发生什么，然后，如果有必要，再根据结果调整我们的思维。在哲学探究中，我们应当将迟疑不决当作一种前进的方式。如果出现这种情况，我们就要鼓励开展关于这个问题的对话和辩论，给有困惑的孩子提供机会，让他畅所欲言，并成为研究性思考过程中的积极参与者。

每日问题板材料：渐进式问题板活动

以下这些活动随着我们在一学年的课堂上所发展的技能的进步而逐渐推进。每天的练习巩固和鼓励了我们希望体现在孩子游戏和思考中的思维过程。

活动：做出选择并牢记——你选的是……

你需要一张卡片来呈现下面列表中提到的一项内容。每个列表也可以在同步的网站上找到，你可以打印下来或进行在线查询。

你还需要两张选择卡片，不一定是这里建议的两项，当然可以进行调配或匹配。把一张卡片放在问题板的一边，另一张放在另一边，在大人给他们读过问题及选项后，请孩子们把名字贴在自己选择的标签下面，并鼓励他们说出原因。

- 在树上还是在地上？
- 没有耳朵还是没有眼睛？

- 礼物还是拥抱？
- 可怕的小猫还是快乐的怪物？
- 监狱还是医院？
- 人山人海还是荒无一人？
- 紫色的脸还是绿色的脚趾头？
- 唱歌还是喊叫？
- 蜘蛛还是蛇？
- 糖果还是杂志？
- 室内还是户外？
- 音乐还是绘画？
- 噪声还是安静？
- 海边还是动物园？
- 船还是城堡？
- 国王还是小丑？
- 旋转木马还是秋千？
- 书还是电影？
- 跳舞还是唱歌？
- 青蛙王子还是野兽？
- 龙还是巫婆？
- 迷你小象还是巨型蚂蚁？
- 猫爪还是虎爪？
- 粉色还是蓝色？
- 玩具熊还是财宝？
- 学校还是电视？

- 泥巴还是水坑？
- 蠕虫还是蜗牛黏液？
- 凉汤还是热冰激凌？
- 蝌蚪面包还是蜘蛛馅饼？
- 宇宙飞船还是潜水艇？
- 圣诞老人还是牙仙子？
- 草莓还是巧克力？
- 猴子还是狮子？
- 时间前进还是倒退？
- 魔豆还是金钱？
- 大灰狼还是侏儒怪？
- 机器人还是老师？

活动：做出选择并说明理由——"是的"或"不是"？

你需要两张陈述卡片，一张上写着"是的，因为……"，另一张上写着"不是，因为……"。

- 早餐、午餐和点心时间的糖果
- 夏天的雪人
- 六只手
- 不要幼儿园
- 穿粉红衣服的男孩
- 踢足球的女孩
- 迷你小象

- 白天睡觉
- 晚上清醒
- 棒棒糖树
- 飞车
- 巧克力雨
- 没有钱
- 会说话的小鸡
- 巨大的婴儿
- 绿皮肤
- 热冰激凌
- 臭臭猫
- 没有女孩
- 人人都有魔法棒
- 孩子管理
- 每天都过生日
- 恐龙蛋
- 所有人都长一样
- 永远快乐

活动：通过扩展性推理和创造性思维做出选择并说明理由——"如果……会怎样？""如果……这是好事还是坏事？"

你需要在两张卡片上分别呈现下面的一个陈述，一个是"这是好事，因为……"，一个是"这是坏事，因为……"。

- 我们可以听到人们的想法。
- 每天长1厘米。
- 如果人是用四条腿走路的。
- 有包治百病的药。
- 所有谎言都成真。
- 选择自己的家庭。
- 恐龙仍在地球上游荡。
- 所有东西都可以吃。
- 文字从未被发明。
- 所有国家都是岛屿。
- 所有书都被毁掉。
- 所有历史都是谎言,时间只能重复。
- 时间倒流。
- 鸡蛋里孵出小婴儿。
- 谁也不允许拥有任何东西。
- 我们可以与朋友交换大脑。
- 机器可以独立思考。
- 没有监狱之类的东西。
- 小猫长得和大象一样大。

活动:基于两个以上的选择做出决定——你更愿意……?

你需要一张陈述卡片。每张陈述卡片要提供三个选项供孩子们选择。你也可以另外使用三张便利贴,在上面画上简单的图示或写上简单的文字对每个选择进行说明。孩子们要把自己的名字贴在这三个选项下面。这些卡片也可以从网上下载后打印。

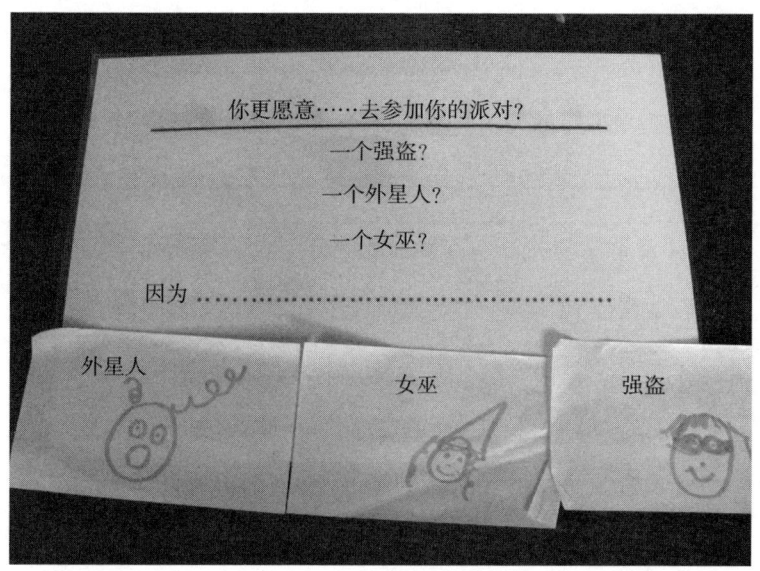

你更愿意被锁在……?

A. 鸟笼里

B. 地牢里

C. 学校里

如果重生,你更愿意做一只……?

A. 小鸟

B. 乌龟

C. 狮子

你更愿意与……生活在一起？

A．大灰狼

B．金发姑娘

C．七个小矮人

你更愿意失去……？

A．双手

B．双眼

C．双耳

如果世界上只有一条规则，你更愿意是……？

A．所有人都必须穿校服

B．所有人必须一直笑

C．不允许任何人花钱

你更愿意禁止人们……？

A．生气

B．悲伤

C．犯傻

你愿意自己看起来像……？

A．小猫

B．小猴

C．小青蛙

你更愿意住在……?

A. 月亮上

B. 丛林里

C. 地底下

你更愿意……?

A. 像蚂蚁一样小

B. 像巨人一样大

C. 像怪兽一样吓人

你更愿意拥有……的魔力?

A. 蜘蛛侠

B. 狼人

C. 圣诞老人

你更愿意坐在……中间?

A. 烤豆子

B. 爬虫

C. 刺荨麻

你更愿意待在一个满是……的房子里?

A. 无聊的大人

B. 哭闹的婴儿

C. 狂叫的狗

你更愿意发明……?

A．治疗感冒的药

B．长巧克力豆的树

C．会说话的动物

你更愿意遇到……?

A．你的曾曾祖母

B．你的曾曾孙子

C．你自己

你更愿意有两个……?

A．妈妈

B．大脑

C．生命

你更愿意买……?

A．一本会说话的书

B．一块会飞的地毯

C．一个永远不会空的糖罐

你如果有一个机器人，你更愿意它可以……?

A．做所有的作业

B．收拾你的房间

C．吃掉你所有的蔬菜

你更愿意有……？

A．一只活着的恐龙

B．一个不会空的钱包

C．一把可以打开秘密之门的钥匙

你更愿意成为……？

A．老师

B．小丑

C．医生

你更愿意没有……？

A．房子

B．钱

C．朋友

你更愿意有很多很多……？

A．钱

B．朋友

C．玩具

你更愿意被……追？

A．愤怒的黄蜂

B．坏脾气的仙女

C．让人笑个不停的怪兽

你更愿意……去参加你的派对?

A．一个强盗

B．一个外星人

C．一个女巫

你更愿意照顾……?

A．一个婴儿巨人

B．一个巨大的婴儿

C．一只迷你小象

你今天更愿意去……?

A．捕熊

B．参观巧克力工厂

C．堆雪人

活动：做出选择——使用探究语言"同意"或"不同意"

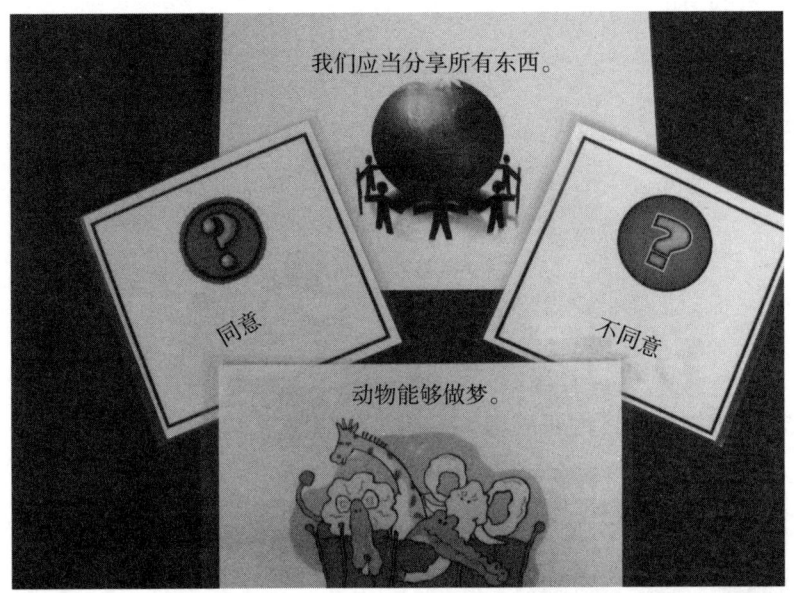

你需要一张陈述卡片，以及上面分别标有"同意，因为……"或者"不同意，因为……"的另外两张卡片。

- 动物能够做梦。
- 动物能够说人话。
- 花椰菜比巧克力更好。
- 巧克力豆长在树上。
- 小孩比大人聪明。
- 恐龙比狮子吓人。
- 人类有四条腿。
- 世界上所有的东西都是粉色的。
- 晴天比雨天好。

- 老虎应该住在动物园。
- 我们总是应该按照别人说的去做。
- 我们从电视上学到的比在学校学到的多。
- 我们应当分享所有东西。
- 怪兽不友好。
- 所有书都是好的。
- 所有花都很美丽。

活动：对初始答案的再思考——另外的想法

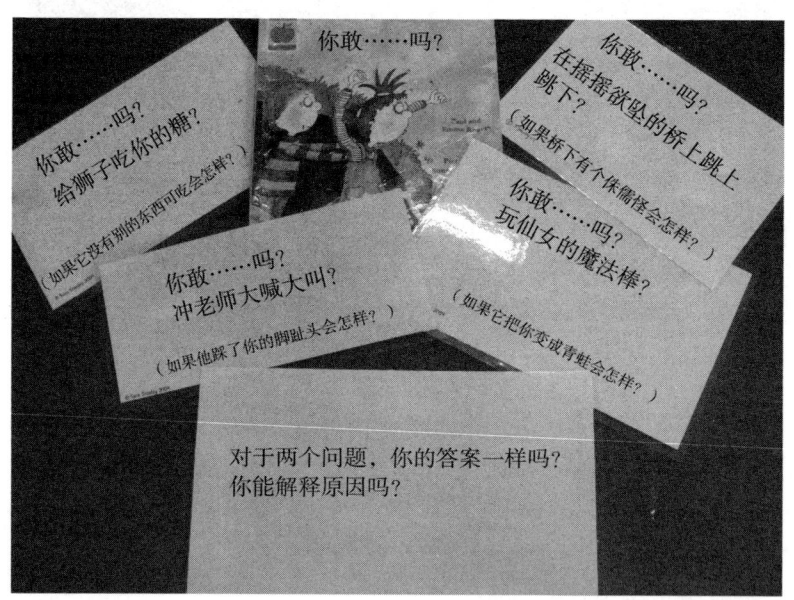

你需要一张陈述卡片，以及分别标着"是的，因为……"或者标着"不是，因为……"的卡片，这些卡片都可以在网上找到，你可以自行打印下来。

请大人读出陈述的第一部分，然后让孩子做出回答并说出理由。接下来读出陈述的第二部分，看看孩子们是否还坚持同样的回答，如果不是，请他们说出为什么。

> 你敢……吗?
>
> 对一个怪兽喝倒彩?
>
> (如果怪兽听不见会怎样?)

> 你敢……吗?
>
> 在摇摇欲坠的桥上跳上跳下?
>
> (如果桥下有个侏儒怪会怎样?)

> 你敢……吗?
>
> 走进一扇神秘门?
>
> (如果没有回来的路会怎样?)

> 你敢……吗?
>
> 跟海盗喝茶?
>
> (如果海盗是个木乃伊会怎样?)

> 你敢……吗?
>
> 与鲨鱼同游?
>
> (如果这是一条婴儿鲨鱼会怎样?)

> 你敢……吗?
>
> 抚摸毛茸茸的邦尼兔?
>
> (如果它长着怪兽的牙齿会怎样?)

你敢……吗？

压扁吓人的蜘蛛？

（如果这是世界上唯一一只蜘蛛会怎样？）

你敢……吗？

冲老师大喊大叫？

（如果他踩了你的脚趾头会怎样？）

你敢……吗？

给狮子吃你的糖？

（如果它没有别的东西可吃会怎样？）

你敢……吗？

跟巨大的泰迪熊一起玩？

（如果它喜欢坐在你怀里会怎样？）

你敢……吗？

和巫师玩？

（如果她/他只是一个小女孩或者小男孩巫师会怎样？）

你敢……吗？

玩仙女的魔法棒？

（如果它把你变成青蛙会怎样？）

你敢……吗?

和怪兽一起玩?

(如果它没有朋友会怎样?)

你敢……吗?

摘一朵美丽的花?

(如果它是世界上最后一朵花会怎样?)

你敢……吗?

嫁给国王或者娶王后?

(如果他或她住在监狱里会怎样?)

你敢……吗?

住在一座漂亮的宫殿里?

(如果那里没有门和窗会怎样?)

你敢……吗?

每天都吃糖?

(如果这会让你的牙齿都掉光会怎样?)

你敢……吗?

去太空?

(如果外星人很不友好会怎样?)

你敢……吗?

舔一舔黑加仑口味的棒棒糖?

(如果吃了会让你的脸变成紫色会怎样?)

你敢……吗?

亲一只青蛙?

(如果亲它后它就变成王子或公主会怎样?)

你敢……吗?

和一只毛茸茸的猴子握手?

(如果它长着水痘会怎样?)

你敢……吗?

把手放进泥巴里?

(如果它闻起来有臭鱼的味道会怎样?)

你敢……吗?

和仙女做朋友?

(如果她只会施坏魔法会怎样?)

你敢……吗?

吃虫子?

(如果它上面包裹着巧克力会怎样?)

> 你敢……吗?
>
> 捡恐龙便便?
>
> (如果那闻起来是草莓味的会怎样?)

> 你敢……吗?
>
> 拥抱一只鳄鱼?
>
> (如果鳄鱼没有牙齿会怎样?)

活动:相同与不同

选两张异同卡,你可以从中看出两张卡片的相似或差异。刚开始进行此活动时,尽量让这些相似或差异明显些。让孩子们找出他们注意到的图片的相同或不同之处。这些卡片可以在本书末尾的探究材料部分或者同步网站上找到。

你需要两张卡片，一张上面写着"有相同之处，因为……"，另一张写着"有不同之处，因为……"。

- 狗
- 蜘蛛
- 龙
- 国王
- 花
- 魔豆
- 巨人
- 外星人
- 金币

- 钥匙
- 帽子
- 王冠
- 糖果
- 香蕉
- 监狱
- 学校
- 泰迪熊
- 女巫

- 魔法棒
- 狼
- 绵羊
- 太阳
- 书
- 剑
- 笼子
- 巧克力

关于培养哲学思维的反思

- 制定了基于探究的学习规则后，教室的氛围有何变化？
- 孩子们对哲学探究中的行为规则是难以接受还是可以遵守？
- 你如何每天留出时间来讨论每日问题？
- 我们怎样才能做到倾听孩子们的问题？
- 如何将提问和对话扩展到教与学的所有方面？
- 提问将如何促进你的课堂管理和课程发展？

第五章

早期探究

适用于所有年龄段孩子的早期探究活动

探究活动示例

除了通过每日问题板开展基于技能的活动，我们每周还会上一节哲学课以便更深入地实践这些技能。这些课程在开始时一般是 15～20 分钟的活动，随着孩子年龄和经验的增长，可以延长到 1 小时。这些活动巩固和强化了探究和对话规则。虽然我总是把与幼儿一起进行的探究活动称为"哲学游戏"，但这些活动与和较大的孩子一起进行的探究活动同样有效。我也与小学阶段（7—11 岁）的孩子开展过所有这些活动。不同之处只在于产生的结果。当然，因为大一点的孩子有更丰富的语言和经验，这会让对话更加复杂，但他们还是需要通过这些活动来培养严谨的哲学思维所需要的技能。

适用于所有年龄段孩子的早期探究活动

本章第一部分展示的是课堂上的早期探究是怎样的。我把这些案例研究呈现出来以激励和动员老师们去进一步尝试。

案例研究：谁可以戴上王冠？

就在我们开始上课之前，我在地毯上放了一个小小的王冠。然后，我注意看着会发生什么。不出所料，一个孩子把王冠捡起来戴在了头上。孩子们聚在一起围坐成一个思考圈，我先给孩子们讲了我们的哲学规则，然后开始探究活动。

促进者：哦，王冠是从哪里来的？

西布莉：也许是谁带来的？

杰茜卡：它是王后或国王的。

亨利：是要戴在国王头上的。

米莉：你应该让斯坦利老师戴在头上。

促进者：好的，我可以戴吗，肖娜？

（肖娜把王冠拿给我。）

凯尔茜：老师你戴太小了。

（我们把王冠传了一圈。）

波皮：这不适合凯尔茜。

埃拉：是啊，不适合她，她的头发都露在外面了。

促进者：还有没有别人知道这个王冠是怎么来的？

米莉：也许是谁丢在这里的。

哈里：可能是国王丢的。

蒂尔勒：但是国王才不来幼儿园呢。

伊娃：或者是王后。

波皮：莱克茜戴着也不合适。

霍莉：我看也不适合亨利。

（孩子们发现这很好玩。）

促进者：哦，为什么有人在笑？

凯尔茜：他戴上后看起来太好笑了。

波皮：我不觉得好笑，看起来很合适呀。

西布莉：但是他的头发都跑出来了，有点吓人。

米莉：这个王冠主人的头一定很小。

祖德：狮子王戴它还行。

霍莉：但是狮子并不戴王冠啊。

（孩子们边说边传递着王冠。）

凯蒂：这个王冠不适合男孩。

伊娃：等我长大后，我要当个公主。

波皮：霍莉已经戴了好长时间了。

祖德：那不公平，快传给大家。

凯尔茜：米莉戴着很好看，因为她是女孩。

蒂尔勒：我觉得乔才像王后。

西布莉：男孩不能戴王后的王冠。他们应该是国王。

波皮：但是祖德戴着看起来好极了。

促进者：现在有一个问题，我们有几个王冠？

孩子们：只有一个。

促进者：我需要一个孩子今天来做国王或者王后。有多少人想要做国王或者王后啊？（数一数）好的，我数了数有15只手，是14个小朋友想要戴上王冠。我想知道这是怎么回事？哈里，为什么你举了两只手？

哈里：我也不知道。

促进者：肯定有一个原因的。

西布莉：要是你不想说出来，也不一定要有个原因。

米莉：也许他想两个都当。一只手代表国王，一只手代表王后。

促进者：这是个有趣的想法。或许是哈里最想要戴上王冠？

哈里：是的，能让我戴吗？

促进者：我觉得应该由集体来决定，大家觉得可以让哈里来戴吗？

米莉：不行。老师你应该拿出几张卡片，第一个拿到上面写着"是的"卡片的才可以戴。

促进者：就像跑步比赛那样？

亨利：对，我们应当让获胜者戴王冠。

促进者：其他人对此还有问题吗？

埃拉：不能让获胜的人把王冠带回家，万一他忘了带回来怎么办，获胜者只有一个。

瑞安：但是在幼儿园里不允许跑。

米莉：我们可以进行爬行比赛。

促进者：这对不擅长跑步或爬行的小朋友公平吗？

孩子们：不公平。

促进者：那么我们应该如何决定呢？

亨利：我应该戴上王冠，因为我希望我能戴上。

霍莉：那不公平，因为那不只是给亨利戴的，而是幼儿园的。

波皮：我们可以分享，我们善于分享。

促进者：我不能让你们分享。今天的规则就是我们必须决定只有一个人能戴这个王冠。

肖娜：不能给霍莉，因为她已经戴了好长时间了。

促进者：我们只能从现在开始分享。

瑞安：那我们不能再玩它了吗？

埃拉：万一我们把王冠带回家了怎么办？

米莉：如果我们好好想想就能决定让谁来选戴王冠的人。

促进者：谁来选呢？

几个孩子：老师你来选。

促进者：我来选，这样公平吗？

波皮：我们查查书吧，看看书里说谁应该戴。

促进者：但问题是我们没有这样的书呀。

米莉：我们应该比赛。

促进者：可是我们不能跑。

伊娃：我们可以爬。

霍莉：那会伤到膝盖。

促进者：刚才有人说凯尔茜戴着很好看，咱们让她戴好不好？

西布莉：只有我和乔可以决定，因为别人都决定不了。

米莉：不，只有斯坦利老师可以决定。

波皮：我们另外做一顶帽子吧。

蒂尔勒：我们可以有两个国王或王后吗？

促进者：不行。规则是只有一个国王或王后。我们真正的王后戴着一个王冠，她是从哪得到的王冠呢？

乔：买来的。

促进者：如果你可以从商店买一个真的王冠回来，为什么只有一个王后呢？如果能买到王冠，我们都可以当王后吗？

波皮：我妈妈结婚的时候就买了一个王冠。

促进者：那她是王后吗？

波皮：不是。

促进者：因为我们不能决定，那么，我们是不是得找来我们国家国王或王后的孩子，把王冠给他？

（促进者再次解释了君主是什么人，他们住在哪里。）

促进者：如果那是你的爸爸或者妈妈，请把手举起来，我要数一下。

霍莉：我妈妈住在一座高塔里。

波皮：霍莉，那不可能。你家就在我奶奶家旁边，我见过的，根本不是宫殿。

米莉：我奶奶说，我妈妈是王后。

波皮：我认为，米莉的妈妈应该戴我们的王冠。今天是你妈妈送你来的吗，米莉？我们可以叫你妈妈来做王后，因为你奶奶是这么说的，她一定知道。

案例研究：玩具动物园中的人们

促进者：下面我们来思考一下这里的问题，好不好？

孩子1：老师，您是在修建一个动物笼子吗？

促进者：修建动物笼子？哦，好吧……

孩子2：我知道您要做什么，我正在想这件事。

促进者：是吗，你看我在干什么？

孩子2：在建一个动物笼子。

促进者：你也这样想吗？认为我在做动物笼子的举一下手。

孩子3：不，不是。您是要把动物放在后面。

促进者：把动物都放在后面？

孩子4：您是在建一个动物园。

促进者：我在建一个动物园？所以，你正在看着这个，说："哈，斯坦利老师正在建一个动物园。"那么，动物园是什么？

孩子5：我去过动物园，里面有火车！在动物园里可以到处玩。

促进者：所有动物园都有火车吗？

孩子们：不是的，不是的。

促进者：停，哲学课上的规则是什么？先不要说，去倾听，直到……？

孩子们：你可以发言的时候！

促进者：是的，所以，如果我问"动物园是什么？"，你应该怎么说？

肖娜：是动物住的地方。

促进者：动物园是动物住的地方。很好，这是一个陈述。

西布莉：是动物的家。它们住在那里，但是不是永远住在那里。它们会回家，住在笼子里。

蒂尔勒：是的，它们住在非洲的一个笼子里。

促进者：在它们住在动物园之后？你能再多解释一些吗？

蒂尔勒：动物来自不同的地方，有些不能总回家，有些可以。

促进者：那就是说，有些动物去了动物园，然后有些动物可以回家，它们去了……？

蒂尔勒：非洲。

波皮：回到非洲或者它们真正的家所在的地方。

促进者：好的。蒂尔勒，请告诉西布莉为什么它们住在一个房子里。

蒂尔勒：因为它们就住在那里。

促进者：这可不是个好理由。我们怎样知道它们住在一个房子里呢？它们的房子跟人的房子一样吗？

霍莉：不，不是的。不是这样的房子。如果你有一只大猫，那就是个很大的宠物，它都进不了这个门。

促进者：嗯，所以你的意思是动物不住在房子里。

祖德：你可以找个田鼠做宠物。

促进者：那它就住在房子里是吗？

祖德：它可以穿过这道门。

促进者：哦，明白了，你是说，你可以要一个小型的动物，因为这样的话就可以走进门里面？

祖德：是的，走进笼子里。

促进者：为什么一定要到笼子里？

亨利：因为它会跑掉的。

促进者：你是因为怕它跑掉所以把它关进笼子里？

米莉：要不然它会跑丢的。

促进者：除了刚才他们说的，谁还知道一些其他的关于动物园的事？

埃拉：所有动物园都有火烈鸟。

促进者：所有动物园都有火烈鸟？

杰茜卡：有一些是的，我去过真的非洲，我看到了火烈鸟，它们还有个宝宝。

促进者：对，所以你可能看到了一些小动物。好的，我们要玩游戏了。你们都觉得这是个动物园，这里写着："欢迎来到玩具动物园"。这是售票处，你可以在这交钱取票。

（动物们在售票处排队。）

杰茜卡：您为什么把它们放在那里？

促进者：你可以猜猜看，如果你愿意的话。这是我们游戏的一部分。

西布莉：我想这是最先进入动物园的动物。

促进者：它们是最先进入动物园的动物？它们通过售票处之后会发生什么？

霍莉：它们怎么拿票啊？

凯尔茜：用牙齿叼着。

促进者：哦，它们用牙齿把票从售票员那里叼过来。好的，这是一种猜测。

凯蒂：我知道大象会怎么做，它们会用鼻子拿票。

促进者：嗯，大象会用鼻子拿票。你们都觉得它们在那里是在等着买票吗？

波皮：我认为它们是在等着进入它们的大象园。

哈里：但是狮子可能会把它吃掉。

促进者：吃什么？

哈里：吃掉票。

促进者：哦，你是说狮子可能会把票吃掉？

霍莉：你现在已经把它放进了笼子。

促进者：现在？

孩子们：是的。

促进者：它还在排队等着，对吗？还没轮到它。

西布莉：轮到它的时候，就把它关进笼子里。

促进者：怎么抓到它呢？怎么把它举起来？我需要一个起重机才能

举起一只狮子。

蒂尔勒：我可以，看。

促进者：我觉得它得待在那里排队。这是游戏的下一个部分——你在看吗？

（促进者把人关进笼子里。）

埃拉：您为什么把人放进笼子里？

促进者：你们可以猜一猜。

瑞安：因为狮子会吃掉他们？

卢克：要不然就是因为他们在等他们的宠物？

促进者：你说什么，卢克？

卢克：狮子会咬他们的。

促进者：所以，那就是把他们关起来的原因，这样有帮助吗？

卢克：因为狮子想吃掉他们。

促进者：但是为什么狮子要吃他们，他们却被关进笼子？

卢克：如果他们是真人的话，他们知道狮子要吃自己。那把他们关进笼子，是挺狡猾的办法。

米莉：但是狮子是假的。

促进者：好，那为什么他们在笼子里？

波皮：因为这是我们游戏的一部分。

促进者：对，这是游戏的一部分，但是我们需要考虑的是什么？有人看到什么问题吗？

波皮：也许这是一个与众不同的动物园，那里的动物们把人当宠物。

促进者：动物们来这个动物园是为了养人当宠物，并且照顾人？

波皮：长颈鹿、大象和斑马会这样做，但狮子不会。

促进者：狮子有什么不同吗？

凯尔茜：因为它可能会吃人。

促进者：那么谁能进入动物园？瑞安，你能来选一只动物来买票吗？

（瑞安选了斑马。）

促进者：斑马会说什么？

瑞安：请给我一张票好吗？

促进者：斑马会说话吗？

孩子们：不会，它只会发出"卟卟卟"声。

促进者：如果它发出"卟卟卟"声，我们能听懂吗？

波皮：如果售票处的人不知道斑马在说什么怎么办？不过如果他们能听懂，斑马就可以通过了。

促进者：我们能听懂动物的话吗？

米莉：有些人听得懂，有些人听不懂。

西布莉：动物可能听不懂人说的话。

波皮：如果有人能跟斑马说话，那他们就不会让它们进来。

促进者：所以，还是有人能跟斑马说话是吗？我们怎么能知道我们有没有理解动物说的话呢？

米莉：他们理解不了。斑马不会理解人们在说什么。所有动物园的动物都不会说话。我以前去动物园的时候，它们从来没有对我说过话。

促进者：是谁说动物能听懂人说的话？

埃拉：是我，我的猫就能听懂我说的话。

促进者：你的猫能听懂你说的话吗？

埃拉：嗯，不能。

促进者：谁养小狗？

亨利：我。

促进者：它能听懂你说的话吗？如果你说"到这边来"，你的小狗会过来吗？

亨利：是的，我经常摆摆手让它到我这里来。

促进者：所以它听懂了你的话。

亨利：它用别的方式听懂了。它知道它要到我这边来。

瑞安：如果我对我的小狗说"坐下"，它就会坐下。

埃拉：如果我对我的猫说"坐下"，它就不会坐下。因为它不感兴趣。

促进者：那么小狗听懂你的话了吗？

瑞安：小狗听懂了，但是猫没听懂。

促进者：怎么会这样呢？

西布莉：它们听不懂是因为它们根本不会说话。这些动物有好几条腿，但是我们只有两条腿。动物会挠，但是我们不会。

杰茜卡：但是，很小的时候我们也是用四条腿爬的。

波皮：动物有两条腿，前面的两条腿其实是胳膊，只不过它们用来走路了。

促进者：杰茜卡说我们很小的时候也是这样的，那么，我们是动物吗？

波皮：我小时候爬着走。

促进者：你是说我们以前都是动物？

孩子们：不是。

促进者：好了，孩子们，接下来我们进行下一步吧？所有狮子都进来，我们已经没有沟通的障碍了。把售票处移走，这样就没有进去的障碍了。那么还有什么问题?你们害怕吗?

西布莉:狮子可能会吃掉这里所有的人,他也会吃掉斑马。

促进者:这是个问题。

促进者:好,我告诉大家。(把狮子拿起来,假装是狮子)"我要去看看这里的人,还有那里的人。"别人能进来吗?

波皮:斑马可以进来。

(孩子们轮流把剩下的动物放进动物园,所有的动物都离狮子远远的。)

促进者:没有人靠近狮子,为什么狮子总是一个人?

蒂尔勒:因为它害怕其他动物。

霍莉:其他动物都害怕狮子,也许它们知道狮子会吃掉它们。

西布莉:但是如果它们不知道呢?如果它们不知道那是狮子,可能就会友好一些。你对它们好的时候,它们就不会伤害你了。

卢克:要不然狮子就会把它们都吃掉。

促进者:狮子是这里唯一的一个问题吗?还有没有其他问题?

埃拉:还有一个问题。

促进者:问题是什么?

埃拉:动物园有点乱。

促进者:哪里乱?

埃拉:胡萝卜到处都是,牛奶桶到处都是。

促进者:你觉得那是干什么用的?

埃拉:是用来吃的。

促进者:谁可以吃这些?

卢克:狮子,动物们。

波皮：我也吃胡萝卜，胡萝卜很好吃。

促进者：波皮去拿胡萝卜喂动物吧。

（波皮拿起胡萝卜开始喂人。）

西布莉：他们不是动物！他们是人！

促进者：但他们在笼子里？

西布莉：那些是动物。笼子外面的那些。

促进者：这些人都不是动物，对吗？

杰茜卡：不是，他们是人。

波皮：嗯，其实我们都是动物。

西布莉：我们才不是动物。

波皮：我们是动物，我们只是比其他动物聪明。

埃拉：那我们也不能被叫作动物。

蒂尔勒：我们不是动物，我们是人。

促进者：好的，那么，波皮，是什么让一个东西成为动物？人与动物的区别是什么？

波皮：人很聪明。狮子没有人那样聪明，但是我们还是动物，我们只是比这些动物聪明一点，但仍然跟这些动物一样。

米莉：或许它们觉得我们才是动物？

霍莉：我们不是动物。

瑞安：我能像动物那样说话。

杰茜卡：因为也许它们根本不会说话？

促进者：所以，你觉得动物会觉得人是动物吗，杰茜卡？

杰茜卡：不，动物不知道我们是动物。

促进者：要是动物们都跑出动物园去找别的动物，你觉得是好事吗?

卢克：不是，它们不能跑出去。

促进者：你会去参观笼子里关着人的动物园吗？

亨利：会的。

促进者：为什么？

亨利：警察可以把人抓进笼子里。警察会把动物放出来，把人关进去。

促进者：你觉得这些人都是坏人吗？

西布莉：你们说的是监狱！把所有人都放进去。

（所有人都被放进一个笼子里。）

促进者：现在好多好多人都在笼子里了，可以了吗？

米莉：不要把人摞起来，要不然他们会被压死的。

促进者：没事的，反正他们都是坏人，是不是？

凯尔茜：如果他们好一点，就能出去。

西布莉：把他们都喂狮子，我觉得更好。

促进者：他们应当被吃掉吗？就因为他们是坏人？

米莉：有些人不想做坏事，但还是做了。

促进者：你是说他们不是故意的？

霍莉：他们不知道是怎么回事。

西布莉：工作人员会把人放出去，把动物关回去。

案例研究：选举日

2010年5月6日，大选在斯巴霍克幼儿园小班举行。

上午阶段

22名三四岁的孩子参与了此次活动。我告诉孩子们,他们将有机会投票选举新的幼儿园园长。我这样解释说:在选举过程中,三位老师扮作三种不同的动物,每个人都要为自己的动物预先准备一份竞选宣言。

狮子夫人

竞选宣言:投给狮子!我强壮又凶猛,我会让每个人都远离危险。谁来伤害你,我就把他吓跑;谁来吓唬你,我就冲他吼叫。

猴子小姐

竞选宣言:把票投给快乐!猴子让大家不受约束,整天玩乐,想做什么就做什么。

大象先生

竞选宣言：投给大象吧，我年长，我智慧！我会照顾每个人，直到永远。看我巨大的身躯，谁也不敢来伤害你们。看我长长的鼻子，天热我可以给你们冲凉。看我大大的耳朵，你们的心声我都听得到。

每个候选人发表完竞选宣言后，要回答孩子们的问题。

孩子们向候选人提问

孩子：大象你发现了吗，你这么大，一不小心就会压到孩子们身上吧？

大象：不是的，我最好的朋友其实是老鼠。我非常小心的。

孩子：我可以骑到你身上吗，大象？

狮子：你就不担心会摔下来吗，他那么高，你可是知道的。

孩子：我们可以吃你的苹果吗？

大象：哦，当然，我保证每个人整天都能吃到水果和蔬菜。

狮子：可是你们不能吃肉，人需要吃肉，是不是？那是最健康的食物。

猴子：不，我觉得应该每天吃甜食，香蕉啊，冰激凌啊，因为这才是最好的食物。

狮子：还有别人想问我问题吗？

大象：有，我想问，如果你非常饿，你会吃小孩吗？因为他们正好够你用来当点心。

狮子：哦，不会的，我保证绝对不会做这样的事。

大象：那我们怎么知道能不能信任你呢？

狮子：国王总是可以被信任的。

猴子：谁还想问我问题吗？

狮子：你傻乎乎的，我很担心你会让孩子们受到伤害，你能照顾好他们吗？

猴子：哦，当然可以，他们会很忙的，忙着玩，忙着开心。我也很忙，但是没关系，我们会度过一段美好的时光。

投票

我把印有动物图片的选票发给孩子们，并向他们说明投票程序。

孩子们填写并张贴了他们的选票，然后我们选出几个孩子来做选举助手对选票进行统计和记录。结果"猴子"以多数获胜。

投票结束后，我把所有的父母/照料人都请了进来，向他们解释了我们在做的事情，并请他们允许第二天让"猴子"来负责一个小时的工作。并且我向他们保证，如果有需要，"狮子"和"大象"也会来帮忙的。家长们同意了。

第二天

"猴子"宣布她的任期即将开始，并提醒孩子们，没有规则，每个人都可以做让自己高兴的事。

一个小时后，孩子们聚集起来讨论发生了什么事，以及他们的感觉如何。孩子们的回答如下。

埃拉：我生猴子的气了，她不听我的。我生气了，因为她调皮，挡着我不让我从滑梯上滑下来。

亚斯明：是的，猴子倒着从滑梯上滑下来，然后睡着了，别人都滑不下来了。

阿什莉：我摔倒了，她都不帮我站起来。

肯尼迪：是的，她太淘气了。

促进者：你们觉得猴子是个好领导吗？

斯凯：我觉得不好玩，她不是个好领导。

麦迪逊：我想让 D 太太回来。

泰拉：她不跟我玩。

露西：她不听我说话。她爬上爬下地忙个不停。

弗雷亚：我们摔倒的时候，猴子都不来看一下。

迪伦：我想拿割草机的时候，她也不帮我打开车库门。

瑞安：我不想每天都让猴子来管理，她不友好。

约瑟夫：我们不能自己做任何事。

亚斯明：我没跟大家玩，大家都忙着跟猴子玩。

泰拉：我不喜欢这个游戏，因为我不得不提醒自己把 D 太太叫作"猴子"，我不喜欢这样。

促进者：我们重新投票吧？谁觉得明天还是让猴子继续管理呢？

（只有四个孩子给出了肯定的回答。我请他们说一说原因。）

肯尼迪：我喜欢玩。

乔杰：挺好的，我们可以做任何想做的事情。

促进者：你做了哪些你一直想做的事？

蒂莉：我倒着滑滑梯。

促进者：波皮，猴子管理的时候，你有没有做什么平时不做的事？

波皮：我把自己的脸涂成了蓝色，我想知道长着蓝色的脸是什么感觉。但是我不太喜欢，我去洗干净了。

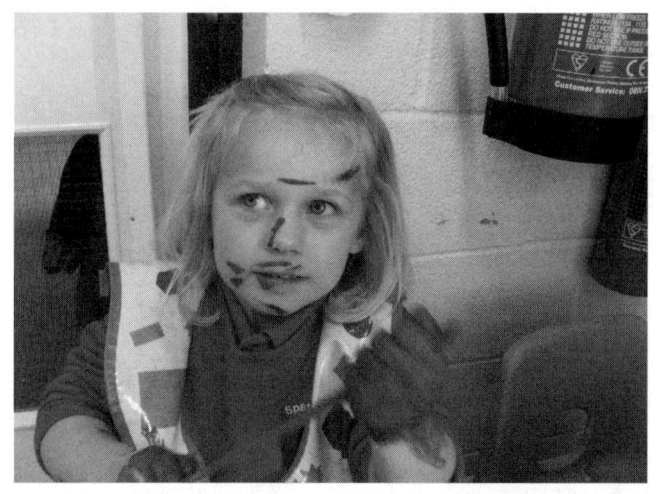

促进者：还有玩得开心的吗？

泰勒：我，我们踢足球了。

促进者：如果没有规则，和平时玩起来有什么不一样吗？

泰勒：当然，我进了更多的球。

促进者：但是詹姆斯受伤了，是不是？

泰勒：是的，我撞了他。

迪伦：猴子踢球的时候总是要赖。她不把球传给我。这游戏被毁了。

乔：我们只能把船扔进垃圾桶，因为有人把它弄坏了。

促进者：你们不好好对待每条足球规则的时候，是不是有点像作弊。

泰勒：不，我觉得没有规则更好。

促进者：这就是你继续投票给猴子的原因吗？

泰勒：没错。

促进者：如果一直让猴子来管理，有人觉得会有问题吗？

乔雅：那就不能好好吃点心了，因为她不会切苹果。

肖娜：她不会唱问候歌。

奥利维娅：不说"你好"不太好。

阿什莉：她太调皮了。

促进者：好的。那么谁同意明天让大象来当值？

（这次孩子们直接通过坐到"狮子"或"大象"后面来投票，结果"狮子"胜出。）

促进者：大家为什么选择狮子？

杰玛：因为狮子很强壮。

肯尼迪：狮子会冲坏人吼叫。

促进者：还有一些人选了大象，你们为什么选大象？

蒂莉：这样我就可以骑大象了。

奥利维娅：我想要吵吵闹闹的，还可以用长鼻子喷人。

（我再次将孩子们的决定告知家长，我们的活动继续进行，这次孩子们决定第二天由狮子来当值。）

第三天

促进者：狮子当值的时候发生了什么？

瑞安：您不会吓唬我们，狮子会吓唬我们。

亚斯明：挺好的，我们今天没有受伤。

阿什莉：我受伤了。我从滑板车上摔下来了。

促进者：怎么回事？

阿什莉：您放了灰泥在那里。

促进者：我？还是狮子？

阿什莉：您。

促进者：今天谁看到狮子了吗？

迪伦：我看到狮子在低声吼叫。

促进者：狮子冲谁吼叫了？

詹姆斯：大家挤着去卫生间的时候。

促进者：当时是怎么回事？

詹姆斯：他们道歉了。

促进者：好吧，那么今天让我当值还是让狮子当值？

多数孩子都选了我。他们似乎很难决定我和"狮子"谁更能保证公平和冷静。难道是我做得不好吗？

案例研究：看不见的宠物

我找了一个空纸箱，在里面放上了毛茸茸的毯子，问孩子们想不想抱抱我带到学校的新宠物。

埃拉：我只想看看。

凯蒂：不要……

促进者：为什么不要啊，凯蒂？

凯蒂：我不喜欢，我不爱宠物。

我一边让孩子们看了一下空箱子里面，一边轻轻地跟"宠物"说话。然后，我问孩子们谁看到了宠物。大部分孩子都说没有看到。这时候只有三个孩子说看到了。

促进者：那么，你现在想跟它玩吗？

米莉：嗯，但是它好小啊。

埃拉：我也想和它玩。

促进者：可是埃拉你不是说没看到吗？

埃拉：可能是因为它藏得太深了。

肖娜：你说看不到，为什么还要跟它玩？

我想再看看。

促进者：不行，现在得让它去小睡一会儿了，因为它太累了。要不你们过一会儿再看吧。

孩子们都出去玩了。过了一会儿，我叫肖娜过来，问她想不想和宠物玩。她回答"想"。我们走到箱子前，我突然说道，"哎呀，小宠物逃跑了。"肖娜兴奋地告诉了几个孩子，我把他们几个叫到一起，向他们解释发生了什么。我问孩子们能不能帮我找到它，因为它一定在房间的某个地方。所有的孩子无一例外地都加入进来开始找了起来，找了几分钟。有人喊着"我找到了""在这里呢"或者"看，我找到了什么"。

有几个孩子把毛绒玩具或者教具带了回来。再次集合时，我把它们放在了圆圈中间。

促进者：你们能告诉我你们找到了什么吗？

埃拉：一个宠物，一个小小的、迷你的东西。

瑞安：一个大家伙。我在桌子底下看到的。

促进者：你怎么知道那是我的宠物？

米莉：它就藏在毯子下面。

凯尔茜：我只看到一张旧的毯子。

米莉：它就藏在毯子下面，所以我们看不到它。

杰茜卡：我找到了这个宠物（玩具）。

促进者：这是我的宠物吗？

杰丝：不是，这是我的，上面还有我的名字呢。

肖娜：我找到的是这个（一本书）。

瑞安：不，那是一本书，肖娜。

促进者：如果我们跟它说话，那么这本书能成为宠物吗？

哈里：不，我们可不能出去遛书啊。

米莉：它不会走路。

促进者：我觉得你们找到的都不是我的宠物。你们觉得这个箱子里真的有个宠物吗？

（所有人都说没有看见它，但每个人都在寻找它。）

促进者：我们怎样找到一个根本看不见的东西呢？

埃拉：这个箱子很深，我们看不到它。

米莉：请您把毯子拿开给我们看看。

促进者：哦，看，在这儿，我找到了（我把它拿在手上）你们看到了吗？

凯尔茜：(跑过来摸它) 我能摸到它，但是看不见。

蒂尔勒：是的，哦，我不知道它在哪里。

莱克茜：可能它又跳走了。

米莉：不，它不在那里。

（有趣的是，米莉是之前说看到过的孩子之一。我想再问问她的想法。）

促进者：你想抱一下小宠物吗？

米莉：是的，哦，它抱起来好痒。

波皮:(抚摸它) 我们只是在摸自己的手。这里什么都没有。

瑞安：看这里，挠挠，挠挠。

米莉：我们找到的是别的宠物。

瑞安：斯坦利老师的宠物跳走了。它可能要去尿尿。

（有趣的是，波皮，这位想象力丰富的小朋友，还是发现很难相信宠物是真的。）

波皮：或许它就是隐形的？

米莉：如果它是隐形的，它肯定还在教室里，也许就在墙里面？我们或许可以听听它是不是在吱吱叫？

促进者：我的宠物是个动物吗？

蒂尔勒：看起来像只鸟。

杰茜卡：不，是只青蛙，要不然为什么它总是跳走呢。

米莉：但是青蛙不是单脚跳，而是双脚跳。

杰茜卡：它是真的，因为我看到它和我们的玩具一起玩了。

哈里：这个是真的（拿起毛绒玩具）。

埃拉：它不是隐形的，不是吗？

米莉：我们把它变成隐形的吧，这样它就是真的了。

埃拉：不，它不会动，也不会说话和走路。

米莉：但它会跳来跳去。如果它不是真的，它怎么能跳呢？

波皮：我不认为它是真的，因为您不是从一个真的宠物店买来的。

哈里：如果你知道一个东西不是真的，那你不可能跟它玩。

在这段对话之后，我很想看看孩子们是如何继续扩展这个游戏的，因为他们显然对此感到既困惑又着迷。我对他们说谎了吗？为什么成年人会说谎？或者它是真的，真实和虚假有什么区别？在这节课的最后，我向孩子们解释说，我们实际上一直在玩游戏，以便帮助他们思考真实和虚假。

而孩子们把看不见的宠物困境扩展到了他们的角色扮演游戏中。在一周的时间里，它好几次去看兽医，逃跑了好几次，又被拖回兽医那里。它甚至去拜访了王后，王后给了它骨头，它非常高兴。

活动：哲学俱乐部——什么是大脑？

我准备了一张大纸，在上面画了一个大脑的轮廓。我让孩子们用文字或图画的形式来展示他们觉得大脑是什么样的、大脑里面是什么、它们如何工作或者他们对大脑的任何问题和想法。我们围坐成一圈，主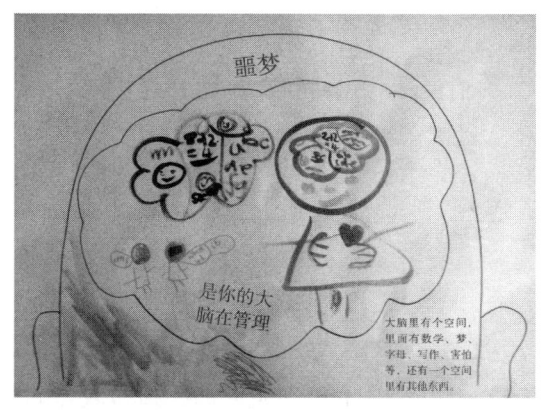要用到了颜料和笔。对话主要包括我们在画画时的交流。孩子们在整个活动中都参与其中。对话的最后是对画画过程中提出的想法所进行的汇总和共同探究。

拉韦尔：我已经有个问题了，有人知道为什么大脑会思考吗？

麦迪逊：因为大脑就是用来思考的，人们都说大脑是用来思考的。

巴迪：可是，如果大脑不会说话，我们怎么知道它要说什么呢？

奥利维娅：大脑里有很多像电线的东西，当大脑想到某事时，这些电线就会进入你的脑袋，告诉你该怎么想。

阿比：大脑的一边是帮助我们思考和学习的，另一边告诉我们数学问题。我想我们也有一部分大脑是负责记住东西的。

阿比：我们有一部分大脑就像日记一样，知道接下来会发生什么，就像记忆盒。

蒂莉：我觉得大脑中有一些碎片，它们保留着我们梦到的一切，还有一个空旷的空间来存放你还没有梦到的东西。

乔治：我的大脑在想我们现在在做什么，比如画画或者说话。

亨利：我的大脑在思考。

阿比：我的大脑的这一部分会处理害怕的东西。我想，大脑中有一部分是用来处理让人害怕的东西的。

促进者：我们的大脑有感觉吗？

巴迪：大脑的一部分能让你觉得有点好笑，就像有人打了你一下？能让你感觉到糟糕，就像人们走了一样，你的肚子和大脑都能感觉到。

弗雷亚：当我累的时候，是大脑告诉我要去睡觉了。

蒂莉：我觉得是你的腿，如果它们累了，就会爬上你的身体，在你的身体里蔓延，身体就会感觉到累，然后就会进入你的脑袋，然后它就知道你累了。

阿比：你的大脑会感到累，然后告诉你的脚。

奥利维娅：我的大脑告诉我我很生气或者我很高兴。

阿比：我已经写了"是你的大脑在管理"。

奥利维娅：这个大脑睡着了。

拉韦尔：我们的大脑从来不睡觉，对吗？就算我们睡着了，大脑也还在工作。

巴迪：它们要得到更多能量，同时让你做梦。

蒂莉：我平常总是做噩梦。

探究活动示例

活动：我是真的吗？

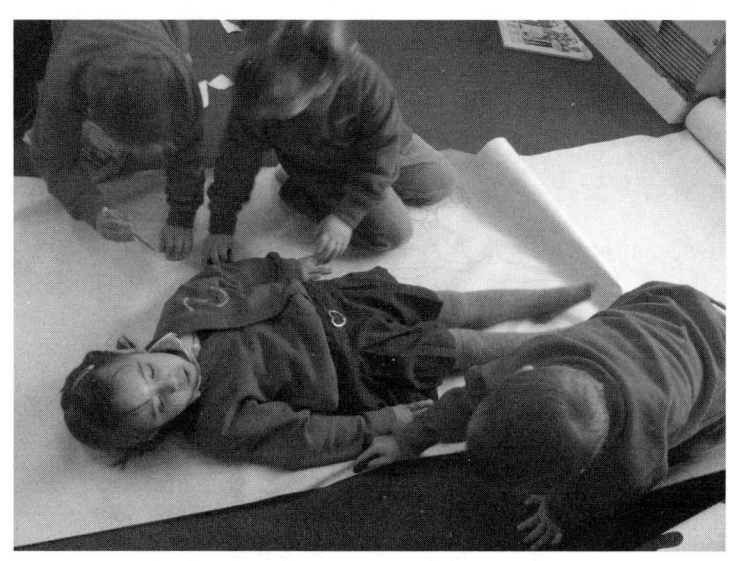

所需材料：一张大纸，笔。

年龄组：幼儿园或者学前班，3—8岁。

技能重点：初始想法，澄清观点。

思考重点：人是什么？什么使东西成为真的？

演示

拿出一张大纸，在孩子中选出一个志愿者躺在纸上，让另外一个孩子把该志愿者的轮廓画在纸上。然后请他们回到孩子们围坐成的圆圈中。

对话与思考时间

让孩子们安静思考1分钟，看他们是否认为这是一个真实的人。

让孩子们分享对这个问题的想法。

他们能证明自己的想法是正确的吗？

引入问题："这个真实的人能做什么？"

与孩子一起看这个人是否能完成让他做的事，如果不能，孩子们需要解释为什么不能。

引入问题："我们能让它变成真的吗？如果能，要怎样做？"

孩子们可能会讨论说使用魔法，如果是这样的话，试着让他们说一些咒语，并问他们为什么不起作用。

如果孩子们说它不是真的，因为它没有脸，找个人来画上面部的细节，再看看这样是否起作用。如果不起作用，那么问孩子们为什么不起作用。

总结

问孩子们是否能解释人的轮廓图与被画轮廓的真人之间的区别，能不能再列举一些不是真实的例子？

供促进者反思的问题

（1）是否所有孩子都能参与进来并提出他们的想法和建议？

（2）孩子们能思考出真实与非真实的区别吗？

（3）对于最开始的那个问题，全班孩子是否可以给出一个共同的答案？

活动：做我的朋友

刺激物：一台会说话的计算机。

年龄组：幼儿园或者学前班，3—8岁。

技能重点：做出区分，识别人类的特征，反思初始想法。

思考重点：什么是朋友？什么是思考？计算机会思考吗？

准备

在计算机上用 Word 文档写出："我想和你成为朋友，你愿意和我玩吗？"

演示

打开 Word 文档，说明计算机想要和孩子们交谈。选择文本并同时按"windows"与"S"键。这样计算机就能说出这两句话。（Mac 用户应按下"apple"与"S"键。）

对话与思考时间

对于计算机能不能成为朋友，请孩子们以两人一组的形式讨论他们的答案。

初始发言

把孩子们带回到圆圈里，让他们用投票卡（标记着"赞同/不赞同"符号的双面卡片）或"站起来/坐着"等不同动作来投票决定。问问那些给出肯定回答的孩子是如何理解将计算机作为"朋友"的。

构建观点

鼓励所有的孩子批判性地思考计算机是否真的能够参与我们的活动。它不能做什么？计算机需要会思考才能成为朋友吗？

总结

计算机真的在说话吗？

人类的思维方式和计算机的思维方式有什么不同？什么是思维？

让孩子们再就同一问题进行投票。有人改变主意吗？如果有，他们的理由是什么？

后续思考

让孩子们考虑或设计一台可以成为朋友的计算机。要成为朋友，它需要做什么？实际上，这会是一个机器人吗？

接下来是一个关于机器人的课程，以进一步探索本课程可能产生的人工智能和概念。

供促进者反思的问题

（1）孩子们能批判性地思考计算机的能力和局限吗？

（2）他们是否在朋友需要独立思考才能进行交流的基础上形成了自己的观点？

（3）他们能否表现出对人类情感的理解？

（4）孩子们是否反对使用事实或证据？

（5）孩子们是否有证据表明他们的想法已经改变了？他们能意识到自己思维的改变吗？

活动：好与坏之书

刺激物：一组童话人物卡片或图片。

刺激物细节：一组人物、玩具、玩偶或图片，上面画有龙、国王、坏王后、大灰狼、女巫、食人魔、王子、骑士等。

年龄组：幼儿园或者学前班，3—8岁。

技能重点：证明选择的合理性，对其他选择给出赞同或不赞同，介绍更大的概念。

思考重点：考虑角色的行为及其原因，理解基于一般的"好""坏"观点而产生的更大的概念。

准备

确保孩子们通过故事和角色扮演的经验来熟悉童话故事。

把一张大纸对折，做成两本书。在其中一本书的封面上写上"大好书"，在另一本书的封面上写上"大坏书"。

给孩子们一些小张的纸用于画画。另外还需要胶水和笔。

演示

介绍角色,并说明孩子们将帮助制作两本关于好人和坏人的书。

对话与思考时间

让孩子们以两人一组或小组的形式进行思考和交谈。让孩子们告诉对方他们所知道的一切,或者想想这些角色,决定他们认为这些角色是好还是坏。如果可以的话,让孩子们画出并命名这些角色。

共同思考活动

让全班孩子重新围坐成一圈。让孩子们一个接一个地把他们画的画或选择的角色(卡片或图片)放入他们选择的书里,并给出理由。

请所有的孩子都参与其中,鼓励孩子们说出他们是否同意所选择的书。然后可以把那些图画或者由教师所画的图像贴在书里。

构建观点

让孩子们说出他们认为是什么让角色成为好的或者坏的(有些可能两者兼有)。把这些概念写下来,比如嫉妒、愤怒、魔法、外表等,写在书中相应图画的旁边。

总结

让孩子们回顾哪些概念与"坏"有关,哪些概念与"好"有关。

后续思考

让孩子们玩游戏,把图片或卡片分成"好的"和"坏的"两组。把完成的书放在图书区,供孩子们分享和讨论。

供促进者反思的问题

(1)孩子们关注角色的行为吗?

(2)他们能解释为什么某种行为会被认为是好的还是坏的吗?

(3)孩子们能看到他们关于角色行为的一致意见和分歧吗?

（4）你能有效地引入对更大概念的理解吗？

活动：笼子

刺激物：来自安东尼·布朗（Anthony Browne）两本书的图片——其中一张画着动物园里的一只猩猩，一张画着在女巫笼子里的汉赛尔。

刺激物细节：安东尼·布朗《汉赛尔与格莱特》（*Hansel and Gretel*）第22页，安东尼·布朗《动物园》（*Zoo*）第19页。

年龄组：学前班或者小学，5—11岁。

技能重点：寻找两张图片的相似和不同之处。

思考重点：运用同理心来考虑人和动物的权利。

准备

给孩子们时间来玩关于动物园的游戏，谈谈参观动物园的经历，分享照片，查找一系列有关动物园和野生动物的信息和故事书。

演示

给孩子们看不带故事的这两幅插图。让孩子们在图片中寻找相同或不同之处。你可能还需要对动物园里的猩猩进行说明。

对话与思考时间

让孩子们仔细观察两张图片，并比较相似和不同之处。让孩子们以两人一组或小组的形式讨论他们的想法。对于学前班的孩子，可以让他们画下他们的想法，再请成人记下他们的话。

提问与讨论

让孩子们围坐成一圈，让他们分享关于图片的问题、陈述或观察。把这些想法记在一张大纸上。

问题或主题选择

问问是否有人能提出一个问题，总结出迄今为止大家最热衷谈论的观点。对于经验不足的孩子，可以让他们说出一个句子，并示范如何将这句话转化为一个或多个问题。

初始发言

让孩子们先以两人一组或小组的形式讨论问题，然后和全班同学分享他们的想法。

构建观点

让孩子们站在图片中角色的立场思考。鼓励他们讨论他们可能会有的感觉和之所以有这种感觉的原因。

总结

回到最初的问题。让孩子们使用投票卡表示他们是否已经做出了决定。或者以站起来的方式表示同意，以坐着的方式表示不同意。

后续思考

将对话中的一个问题或由对话引发的问题记在哲学日志（如果有在使用的话）上，让孩子带回家思考。然后给孩子们提供机会为人们建立/设计/绘制出动物园。笼子里的人需要什么来让他们感到快乐？也可以让他们为动物重新设计动物园。

供促进者反思的问题

（1）孩子们能够找到两张图片的相似之处吗？比如地上的橘子皮？

（2）他们能否对笼子的大小和样子等方面的差异做出评价？

（3）他们能站在被困角色的立场上思考并表达出同理心吗？

（4）他们能解释为什么这些角色被关在笼子里吗？

（5）他们能看到不平等和不公平之处吗？

（6）孩子们能够做出决定并对最后一个问题进行投票表决吗？

活动：学校里的怪兽

刺激物：一只怪兽的大幅画像。

刺激物细节：画一只闭着嘴（没有牙齿），有三只胳膊、四条腿和一条尾巴的怪兽。确保它看起来既不友好也不可怕。

年龄组：幼儿园或者学前班，3—5岁。

技能重点：分享观点，作为小组的成员进行倾听，做出决定，对话后再来回顾问题。

思考重点：我们应该只从外表来做判断吗？

演示

向孩子们解释你要做一个艰难的决定。昨晚你在回家的路上遇到了一只怪兽，它问你第二天它能不能来学校？

做出决定

让孩子们使用投票卡或以"站起来/坐着"的方式进行投票,以给出他们的答案。

对话与思考时间

让那些投赞成票的孩子组成一个小组,投反对票的孩子组成另外一个小组。给他们几分钟时间,让他们在小组里分享他们的理由。

初始发言

让孩子们重新围坐成一圈。请投票占多数的孩子分享他们的理由。鼓励两组孩子说出他们的理由。让孩子们思考,学校里有怪兽有什么好处和坏处?

构建观点

介绍更多关于怪兽的事实,看看这是否会让孩子们改变想法。例如,如果这只怪兽很难闻会怎样?如果这只怪兽很小很小,能装进口袋里会怎样?如果这只怪兽真的很聪明会怎样?

总结

回顾提出的主要观点,然后重新审视最初的问题。让孩子们再次使用投票卡来给出自己的答案,或者用站起来或坐着的方式表示同意或不同意。

有没有孩子改变自己的答案呢?如果有的话,请他们说一说理由。

供促进者反思的问题

(1)孩子们能就最初和最后的问题通过投票做出决定吗?

(2)他们是否能意识到他们的思维因情景不同而改变?

(3)所有的孩子都有机会在小组和全班活动中发言吗?

(4)你能否引入一些能让孩子们从不同角度看问题的情景?

活动：完美的人

刺激物：橡皮泥泥人和来自星球领袖的信。

刺激物细节：来自星球领袖的信。这封信也可以在同步网站上找到，供打印后使用。

亲爱的人类：

  我现在给你们一项非常重要的工作。我要去度假，需要你来接替我的工作。你必须为我的新星球创造一些人，他们在各个方面都要是最好的。

  请告诉我关于你们造的这些人的所有信息。我会给你们一些造人的材料。一定要谨慎行事，我们承担不起任何失误。

  谢谢！

柏拉图星球球长　克森

年龄组：幼儿园或者学前班，3—7岁。

技能重点：初始想法，阐明观点。

思考重点：什么是人？

准备

给孩子们时间去寻找有关各种各样的人的书和故事。

演示

这项活动最好是在由五六个孩子组成的小组中进行，让他们围着桌子坐成一圈。为每个孩子准备足够多的橡皮泥，以便可以捏成一个人物模型（你可能希望提供不同颜色的橡皮泥）。

给孩子们读一读作为刺激物的来信，并问他们是否能造出一个完美的人。

你也要参与到这个活动中来。

对话与思考时间

当孩子们在造他们的"人"时,他们可以私下聊聊他们正在做什么。这个人需要长成什么样子?他们选了哪些颜色?

初始发言

在造人的过程中,问孩子们一些问题,比如,如果你造的人没有胳膊、眼睛、心脏或者腿等会不会有关系?

让孩子们说说他们制作完美的人的构想。

构建观点

介绍这样一种观点:你所造的人可能不会被星球领袖所接受,因为他们有时候做出的行为并不好。让孩子们指出一些错误的行为。

问问孩子们,他们是否能帮助你修改你造的人,使之变得完美。

总结

孩子们是否认为曾经存在一个完美的人,或者说,如果他们犯了错误或者看起来不那么好也是可以的?

供促进者反思的问题

(1)是否所有孩子都能参与进来并给出他们的想法和建议?

(2)所有的孩子都能讨论是否身体的不同决定了一个人的完整与否吗?

(3)孩子们是否能够发展思考,进一步思考行为问题?

活动:皇室的邀请

刺激物:童话故事角色/卡片,一张大纸/几支笔。

刺激物细节:准备来自"国王"的邀请卡,上面的内容是,请孩子们帮助决定哪些人可以被邀请到皇室派对以及原因是什么。

年龄组：幼儿园或者学前班，3—8岁。

技能重点：做出决定并给予说明，有力的论证，团队协作达成共识，相互倾听，对存在分歧的敏感度。

思考重点：明确童话人物的行为，思考什么是好的行为；关怀性思维。

准备

确保孩子们都熟悉这些童话。给孩子们提供机会进行角色扮演，并让他们以童话人物的角色接受别人的提问。

演示

读出那封请孩子们帮忙的信。在孩子们的帮助下，一次从袋子里拿出一张图片或卡片，一起讨论这个角色是谁/什么。给每个孩子分配一张他自己选择的卡片。说明孩子们将代表他们的角色发言，说明为什么他们应该参加皇室派对。

对话与思考时间

让孩子们仔细地看一看所有的图片或卡片，然后以两人一组或小组的形式讨论他们对于对方角色行为的初始想法。

初始发言

选出一个志愿者,让他来询问其他人为什么他们所代表的角色应该被邀请参加皇室派对。

构建观点

鼓励全班同学互相帮助,找出允许某个角色参加派对的原因。鼓励孩子们去思考,为什么角色会表现出不好的行为。例如,如果狼因为饿吃了小猪,那它是真的很坏吗?龙知道它们自己很可怕吗,它们能解决这个问题吗?如果女巫把魔法棒放在家里了,她们还能施坏的魔法吗?如果杰克偷了巨人的金子,巨人生气了,这样做对吗?

总结

问问孩子们,哪个角色是他们认为最难以做出决定是否应该被邀请参加派对的。有没有他们认为真的不够好以至不能参加派对的角色?

供促进者反思的问题

(1)孩子们是否能够相互尊重?

(2)孩子们是否尝试或帮助别人寻找理由?

(3)孩子们是否相互仔细倾听?

(4)孩子们开始对童话人物展现出同理心了吗?

关于早期探究的反思

- 你注意到孩子们把哪些技能运用到了哲学探究中?
- 成人用什么方式去促进孩子们思考的发展?
- 你如何利用孩子们的兴趣去创造探究的机会?
- 科学探究与哲学探究的区别是什么?
- 为使这些早期探究更具哲学意义,你还需要做什么?

第六章

更好地思考

检查思考的准确性

使用选择卡促进探究

逻辑与推理

让孩子主导思考

高阶思维：处理伦理问题

检查思考的准确性

当孩子们开始参与探究后,我们会理所当然地认为,如果我们让他们去做出选择,他们理解他们正在做什么并知道背后的原因。这就是为什么问题板对于早期儿童哲学探究是如此至关重要的原因。

但是,在共同探究中,更重要的是,他们的想法变得可见。如果孩子没有努力做出负责的选择,那么小组中的其他人就不能理解并使用这些看不见的思维推进探究的发展。

到目前为止,在儿童哲学探究的发展过程中,我们已经建立了对话的基石。接下来要做的,和可见的哲学思维的严谨性和结果有关。要做到这一点,作为促进者的我们必须对此做出要求。我们绝不能满足于不负责地允许不一致的想法,因为这不是哲学。以下活动会促进这种严谨性的发展。这些活动可以像先前问题板活动形式一样使用,也将有利于长久的探究。

下面的活动设计得更具挑战性,从早期的主导选择和对选择负责,到陈述和观点的伦理含义。

活动:选择的责任

这个活动用到了选择卡。选择卡是一种双面卡,一面画着笑脸和绿色的问号,另一面画着哭脸和红色的问号。在我的哲学工具箱中,我给每个孩子都准备了一张双面卡。这个工具箱里也有很多概念卡、技能卡、A5 纸和笔。

除了这些具体的技能训练活动,我也使用这些卡片来说明探究中的"古怪想法"。因为大多数孩子很快就不再需要卡片,学会了记住自己的选择并给出理由。当其他人给出的答案与他们出示的卡片不一致时,孩子们也可以通过使用这种视觉辅助工具快速识别出答案。在这种情况下，作为促进者，我们要对这种认知给予表扬，并对一致思考所需的语言进行示范。

使用选择卡促进探究

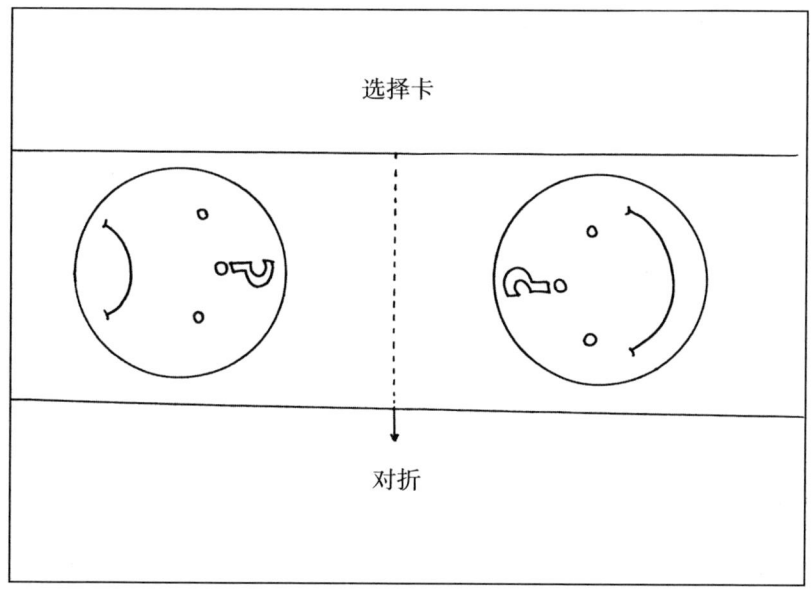

培养一致性思维的活动

对于下面几个活动，我们要让孩子们围坐成一圈来进行。给每个孩子分配一张选择卡。说明红色问号表示否定的选择，例如"否""坏的""不同意"。绿色问号表示肯定的选择，例如"是""好的""同意"。向孩子们说明你将读出几个句子，他们不能发出声音，而是要仔细思考，并通过在地板上展示恰当的色彩问号来表示他们的答案。确保孩子们明白，我们不一定要找到一个正确的答案，但是要找到一个与他们的推理一致的答案。

活动：你以为你以为的就是你以为的吗？

以几个短句开始这个活动，孩子们将认识到这些句子都有一个正确答案：

- 太阳是热的。
- 小宝宝是从蛋里孵出来的。
- 雪是冷的。
- 我们住在月球上。
- 苹果长在树上。
- 我们吃泥巴当早餐。
- 汽车有轮子。
- 我吃面包片当早餐。
- 我有一只宠物。
- 我九月过生日。
- 老虎去上学。

让孩子们将代表他们答案的选择卡的一面朝下放在地板上。这将使他们熟练掌握哪个颜色意味着"是"，哪个颜色意味着"否"。

下面给出一些表明不同的人有不同想法的陈述。你可能希望记下每个陈述得到了多少张红色卡、多少张绿色卡，以确保孩子们能将颜色和表示肯定与否定的词语搭配起来。你也可以变换给出陈述的方式，以确保孩子真正理解表示同意和不同意的语言。

- 如果……将会是"好的"（绿色卡）还是"坏的"（红色卡）？

- 你认为是"是"(绿色卡)还是"否"(红色卡)?
- 你是"同意"(绿色卡)还是"不同意"(红色卡)……?

一些陈述:

- 西兰花很好吃。
- 蜘蛛很可爱。
- 巧克力使人快乐。
- 粉色是我最喜欢的颜色。
- 过山车很好玩。

活动:理解否定陈述

这通常是孩子们感到困惑的一个领域。当一个陈述可能不正确时,鼓励孩子们使用选择卡来探索以让他们注意到思考中的不一致之处。这可能是一个多阶段的思考过程,因为我们要求他们确定:(1) x 是什么?(2)实际上,x 是 X 吗?

一些陈述:

- 仙女都不大。
- 热粥不冷。
- 旧东西不是新的。
- 狗不会叫。
- 飞机没有翅膀。
- 龙不吐火。

- 大象没有长鼻子。

逻辑与推理

活动：替代选项思维练习

这组问题旨在鼓励孩子创造性地思考一个想法的积极或消极结果。人们在生活中做决定的原因有很多。我们所做的选择并不总是能很简单地给予解释或做出判断，或者说，它们甚至可能不是有意识的决定。

然而，生活是一个连续不断的选择过程，我们必须根据自己的道德准则或置身其中的社会的道德准则做出选择。重要的是，孩子们要理解他们为什么要思考他们的想法。我们将此称为透明思维（transparent thinking），即通过一系列有意识的决定来保持最终的立场。

让孩子们有意识地探索他们的推理，使他们能够思考隐藏在我们的社会义务、道德义务和良知背后的许多灰色思维。

这是对展示出一个想法的两个方面的"你敢……吗？"活动的扩展。这个练习旨在发展对思维过程而不是探究过程的理解。除非我们对反方的逻辑论点有充分的认识，否则我们就不能轻易形成自己的意见。

孩子们可以首先以两人一组或小组的形式合作创造出他们自己的情景，然后再与全班一起开展探究。

示例

在什么情况下使恐龙复活是可接受的？

- 如果它和仓鼠一样大并且没有牙齿？
- 如果它能告诉我们地球是怎么开始的？

- 如果活的恐龙的 DNA 能治愈癌症？

进一步的思考挑战

在什么情况下……是可接受的？

- 毁灭地球上的最后一朵花？
- 闯进别人家喝粥？
- 伤害其他生物？
- 说谎？
- 躺在超市里乱踢乱叫？
- 在你脖子上挂个写着"走开"的牌子？
- 把你最好的朋友关在监狱里？
- 偷世界上最值钱的钻石？
- 在足球比赛中作弊？
- 吃你最爱的宠物？
- 假装是别人？

活动：好消息与坏消息

这项活动旨在让孩子们对同一个陈述想出其他不同的观点。"好消息与坏消息"形式既可以作为一个圆圈中的每个人轮流参与其中的游戏，也可以作为"先倾听再发言"的练习。

活动可以从以下几个陈述开始，但鼓励孩子们创造自己的陈述，也是一个很有意义的练习，因为他们必须使用替代选项思维技能来进行创造。

指定某个孩子从下面列出的陈述中选择一个好消息或者一个坏消息陈述。让小组沿着相关的好消息/坏消息的回答线索尽可能久地进行下去。

示例

- 好消息——我发现了一个魔法棒。
- 坏消息——这是一个坏女巫的。
- 好消息——我用魔法棒把自己隐身了。
- 坏消息——女巫的鼻子敏感又魔幻,她还是能闻到我的味道。
- 好消息——我吃了一点鲱鱼,臭臭的味道遮盖了我的味道。
- 坏消息——鲱鱼有毒。
- 好消息——我可以用魔法棒对自己施加魔法来解毒。

继续下去,看看孩子们能进行多久。

一些好消息建议

- 女王要来喝茶。
- 我赌博赌赢了。
- 我爸爸给我买了礼物。
- 我的猫有了宝宝。
- 我的爷爷奶奶要来我家看我。
- 天气越来越暖和。
- 食品价格一直很低。

一些坏消息建议

- 我得了传染病。
- 我丢了手机。
- 我被赶出了家门。

- 学校着火了。
- 我的好朋友去了别的国家。
- 我的牙掉了。
- 我对巧克力过敏。
- 我变得像胡椒罐那么小。

***活动**:"是,但……";"不是,但……"*

下面的问题乍一看是封闭式问题,因为对于我们问的任何问题都只需要回答"是"或"不是"。这种问题告诉我们很少的内容,即使以对话的形式展开也提供不了多少信息。这个练习是为了让孩子们挑战去思考超越"是"与"不是"限制的答案。

方法

让孩子们围坐成一圈。准备一些上面写着问题的卡片或者折叠纸。请一位志愿者随机选择一个问题并读给大家听,志愿者可以向小组中任一成员提问,或者如果哪个孩子有一个精彩回答,也可以从那里开始。确保你能明确指出你希望孩子们首先使用哪种方法。

鼓励小组成员合作提供尽可能长的备选答案,如果创意枯竭,则可以引出另一个问题。让孩子们考虑哪些问题是最容易继续下去的,哪些是最难以继续下去的。

示例

如果你的手指是用巧克力做的,你会吃它们吗?

- 是。

- 不是，但你就不能拿笔了。
- 是，但我可以用巧克力写字。
- 不是，但你考试会不及格。
- 是，但我可以用录音笔记录。
- 不是，但你会感觉太晕而没法说话。
- 是，但我再也不会觉得饿了。

或者，如果回答是"不是"，小组就必须找到"是，但……"来对此作为回应。

一些"是，但……；不是，但……"型问题

- 如果你的朋友长了紫色斑点，你会和他一起玩吗？
- 如果你的祖父母搬到了鬼屋，你还会去看他们吗？
- 如果你有超音速耳朵，你会偷听秘密吗？
- 如果有摇钱树，你会占为己有吗？
- 如果你有一根魔法棒，你会交给老师吗？
- 如果你发现了外星人，你会把它展示给所有人吗？
- 如果你长着超快机器人那样的腿，你会参加每一场比赛吗？
- 如果蜘蛛会说话，你会压扁它吗？
- 如果你看见哥哥偷了东西，你会告诉大人吗？
- 如果你有别人的大脑，你会成为他们吗？
- 如果每天陪你睡觉的你最喜欢的泰迪熊价值一百万英镑，你会卖掉它吗？
- 如果谁都能听到你的思想，你会想一些不同的事吗？

- 如果没有钱，你还会想发财吗？
- 如果你有一双自动进球的足球鞋，你会穿吗？
- 如果你有翅膀，你会用你的腿吗？

活动：真或假

- 机器人是金属的。/ 所有金属的东西都是机器人。
- 我爱吃所有蔬菜。/ 我爱吃西兰花。
- 所有动物都有四条腿。/ 袋鼠有四条腿。
- 微笑意味着你是好人。/ 微笑的坏人是好人。
- 所有食物对我们都有好处。/ 甜食对我们有好处。
- 我们必须分享一切。/ 我要分享我妈妈。
- 所有魔法都是好的。/ 所有女巫都是好的。
- 一切都是真实的。/ 怪兽是真实的。
- 我们都一样。/ 我们都有金色的头发。
- 所有人都很友好。/ 强盗很友好。
- 所有毛茸茸的动物都是可爱的。/ 凶猛的狮子是可爱的。
- 所有车都开得很快。/ 坏的车开得很快。

让孩子主导思考

随着孩子们对儿童哲学探究过程的程序越来越熟悉，我们必须做好准备，让他们来主导这种对思考的促进过程。到了这个阶段，孩子们已经知道，"古怪的"或者不用心的思考是不被允许的。孩子们也明白，正如我们在其他课程领域不接受错误的答案一样，我们在哲学课程领域也不接受犹豫不决或不正确的思维方法。我们希望孩子们在一个信任与诚实变得习以为常的探究团体中感觉舒适。在这个团体中,我们都乐于尊重他人,但同时也进行富有挑战性的思考。孩子们应该明白,在哲学课上,我们不应该限制任何人的思想,因为我们正在试图共同努力推进这一过程,寻求共同的理解和接纳。意见是由感觉而不是理智决定的,但我们必须从情感决定转向理性决定,以便所有人在一个集体负责的环境中共同开展探究活动。

培养这种严谨性的一种方法,就是放手让孩子们去做一些挑战性的任务,而不是攻击与自己意见不同的人。下面的练习可以用于培养集体理性讨论的精神,其中有力的论证依赖团队的合作。

活动:与思想决斗

把孩子们分成两个小组,给每个小组分配一个思考情景。给他们一些时间来讨论对指定情景的想法,并说明,即使他们不一定相信这个说法,但仍然应该尽可能多地去准备一些有力的论据。然后让两个小组重新集合,让他们展示自己的推理。他们的目标应该是反驳对方的观点而不是攻击意见不同的人。

一些例子

我们应该选哪一个?

- 没有乐趣的学校,还是没有学校的乐趣?
- 把水变成金子好还是把金子变成水好?
- 只有糖而没有钱,还是只有钱而没有糖?
- 有书而不会读,还是会读而没有书?
- 幸福而没有朋友,还是有朋友而不幸福?

- 有音乐而没有声音，还是有声音而没有音乐？
- 有阳光而没有假期，还是有假期而没有阳光？
- 有汽车而没有汽油，还是有汽油而没有汽车？
- 有花而没有雨水，还是有雨水而没有花？
- 有美而没有爱，还是有爱而没有美？

高阶思维：处理伦理问题

活动：麻烦的仓鼠

你需要按顺序读出标记为1、2和3的三张情景卡。

读出情景1，让孩子们决定他们的选择，并让他们想一想他们的决定在道德上是对还是错。

让他们画出自己的选择并比较所做的决定。他们的选择和小组其他人的选择一样吗？他们的选择有何区别？以小组的形式讨论这个问题。有人是对的或错的吗？有没有介于对与错之间的情景卡？

当我们提供了更多的信息后，问孩子们是否改变他们的想法，并思考去做一个道德上正确的决定是变得更容易了还是更难了？

情景1

你的朋友要去度假，请你照顾她的仓鼠。

当她回来的时候，她来取回仓鼠。但你自己已经开始喜欢这只仓鼠了。你应该怎样做才是道德上正确的？

- 说服你的朋友，你自己很需要这只仓鼠。

- 找借口尽可能长时间地留下这只仓鼠。
- 立刻把仓鼠还回去。
- 拒绝交回仓鼠。

情景 2

就在你朋友度假回来之前,你发现,有证据表明,她加入了仓鼠比赛俱乐部,这是一项非常残酷的比赛。现在你该怎么办?

- 留下仓鼠,以保护它不受伤害。
- 还回仓鼠。
- 如果你的朋友保证退出仓鼠比赛俱乐部,你就保证交还仓鼠。

情景 3

你的朋友为了把仓鼠要回来,打了你或者打了仓鼠。这时你该怎么办?

- 放走仓鼠来保护它。
- 打回去。
- 去找反仓鼠比赛协会寻求帮助。
- 还回仓鼠。

想一想

(1)你是一个公平公正的人吗?你觉得自己是一个公平公正的人吗?这一点重要吗?这是什么意思?

(2)柏拉图说过"正义即公平",你对此赞同吗?想一下仓鼠困境,你还这样认为吗？

(3) 为了做一件好事，我们能做出不公正的行为吗？

(4) 我们应该对谁公平？

(5) 要公平对待朋友吗？对敌人呢？

(6) 我们对自己公正吗？

(7) 我们能对自己不公正吗？

(8) 如果我们不了解自己，我们能做到公正吗？

(9) 为了认识自己，我们需要了解自己的哪些方面？

后续

给一个朋友写一封信，解释你在仓鼠困境中的选择。

关于更好地思考的反思

- 是什么让探究比对话更重要？
- 孩子们如何展示智力上的严谨性？
- 我们怎样才能让孩子来负责全班的整体思考？
- 我们如何在教学中树立严谨的榜样？
- 懒于思考的后果是什么？
- 思考与严谨思考的区别是什么？
- 关于思考的思考会影响改变吗？
- 怎样知道你班上的孩子理解了他们思考的结果？

第七章

继续哲学探究之旅

传统的儿童哲学探究是怎样的?

开始探究

探究概念

提问

对话

让儿童来做促进者

结束与评估

传统的儿童哲学探究是怎样的？

课堂上的哲学活动可以采取多种形式，从早期的提出问题到介绍哲学技能，再到鼓励开展哲学游戏和讲故事，最后到孩子们获得合理和理性的探究技能。到目前为止，这本书的重点是发展哲学技能。为了达到让孩子成为思考促进者的目的，我们必须首先来思考一下这段旅程。

传统儿童哲学探究的结构

这项课程的结构包括以下内容：

- 刺激物：让课程开始的东西，能让你和孩子们进行思考的东西。
- 思考时间：给孩子们一些时间去思考、画画和写作，最后产生关于刺激物的问题。这段时间包括安静的思考时间以及与同伴或成人的交流时间。这里的成人包括教师、助教或来访者。
- 概念分析：孩子们通过分析他们认为与他们的想法相匹配的概念来探索他们的初始想法和问题。
- 提问：鼓励孩子们提出他们心中的问题。然后把这些问题通过一系列策略收集起来并在它们之间建立连接、对它们进行分析。
- 对话：孩子们通过推理、解释、给出同意和不同意来建立他们的论点。促进者将利用提问来引出哲学层面的问题。
- 结束语：促进者使用一系列策略来结束课程，例如，通过总结、发现下一个问题、要求给出评论等。
- 评估：利用评估来构建基础。全班一起讨论对课程的感受、使用了哪些技能、需要发展哪些技能等。最重要的是要记住，只要你坚持让孩子主导讨论，并努力发掘哲学问题，你就会找到适合你和孩子的属于自己的风格。

开始探究

适用性

上课伊始，教师要先让孩子们围坐成一圈。这样可以让所有孩子都能互相看到彼此，不管他们坐在哪里，都能听到别人的发言并发表他们的评论。你可以试试不同的就座方式。你可以让孩子们在地毯上围坐成一圈，也可以调整桌椅的位置使之成一个圆圈。如果你们班的人数比较多，并打算在思考时间用到日志或纸张，那么你可以让小组到桌子那里去画画，然后再回到圆圈中来提出问题。进行探究活动的理想人数是 12～24 人，但是我的班上有 30 个孩子。开展参与人数多的团体探究活动的难点在于，要保证每个孩子都有机会发言、提出问题。不过本章后面会给出一些解决这些困难的方法。相反，人数太少就意味着孩子们需要更自觉，他们提出的可供构建探究活动的观点可能非常有限。

刺激物

可以从以下列表中选择：

- 问题板活动
- 本书中提供的思考练习或问题
- 图画书、诗歌、短篇故事、小说或图画书的节选

- 传媒摘要
- 历史手工艺品
- 照片/插图/绘画/艺术作品
- 音乐片段/歌词
- 报纸/杂志/漫画

无论选择哪种刺激物，都要能够引发孩子和促进者的好奇心，以促使他们思考。最好的刺激物带来的是高水平的模棱两可。这种模糊性对于让孩子产生广泛而深入的观点和问题是非常必要的。最能产生丰富成果的刺激物是那些不直接呈现一个主题或道德问题，但包含强烈的让人困惑的元素，并允许孩子投入自己情感的材料。刺激物应该足够开放，以便孩子能够识别其中的哲学概念，并且能够提出一些仅凭文本或插图无法回答的问题。刺激物必须引起孩子们可以开展探究的反应。观点、概念和理论可以在同伴之间进行检验，孩子们可以在知道没有绝对正确与错误答案的前提下更具安全感。

最好的刺激物能够激发孩子们的想象力。由与孩子们相关的刺激物产生的问题所引发的讨论会进展得更加顺利。他们将更能把自己置于一个移情的位置上。要激发孩子们对真理的强烈好奇心以及积极参与寻求真理，我们就必须让他们对与他们自身的生活、文化、经历和愿望相关的重要问题进行深入的思考。

可选择一个与当前话题或计划相符合的刺激物，但你也应该时刻做好探究过程不朝着你所期望方向发展的准备。这是因为，归根结底，这是孩子们的探究活动，要由他们来引领对话的方向。作为一名熟练的促进者，你的目标是培养他们对哲学的思考，但最终，他们感兴趣的讨论概念才是最肥沃的土壤。

思考时间

年龄较小或经验不足儿童的思考时间

在分享过刺激物之后，教师要邀请孩子们花一些时间来思考由这一刺激物所引发的困惑之处或有趣的地方。鼓励孩子们以小组的形式小声讨论。在早期教育的课堂上，可以让成人加入小组来促进和关注小组的讨论，以确保孩子们理解任务并且每个人都有机会发言和倾听他人的观点。教师要鼓励孩子讨论和分享他们对刺激物感到奇怪或有趣之处的想法或观点。在这个过程中，给孩子们一张大大的纸，让他们写写画画，会对探究活动很有帮助。鼓励孩子们以小组合作的形式把观点和想法画出来。

你会发现，在这一过程中让孩子们将产生的关键想法或问题写下来会很有用。

这个共同的思考时间是对接下来探究活动的准备，你可能希望孩子们在这段时间利用日志来形成自己的想法、观点和问题。给他们几分钟时间来这样做，然后请他们回到圆圈中坐好，并回顾一下他们的想法。在探究的早期阶段，探究的问题可能需要促进者来提出和做出示范。促进者应该使用孩子们提供的有趣的说法来促进他们思维的发展。例如，如果一个孩子提出了一种观点："女孩不喜欢足球"，那么你就需要通过一系列的问题来促进孩子思维的发展，比如，这总是真的吗？你认为这里有女孩喜欢足球吗？你认为女孩和男孩是不一样的吗？如果是不一样的，那么是在哪些方面不一样？这是因为我们听别人告诉我们应该喜欢什么才这样的吗？如果你和一个男孩互换了大脑，你会喜欢足球吗？

这种公开的提问示范使孩子们能够非常迅速地理解哲学思考的目的，这种提问也能让孩子们参与有目的的对话。促进者必须制定一种纪律方法来示范谈话和倾听过程，以确保孩子们轮流发言，不偏离正在讨论的观点（参见第三章"促进者的角色"）。

早期探究会包含更多的走动，使用更多的道具和材料。促进者也会发现，让孩子们在一张大纸上通过画画记录下自己的想法是一种非常有用的方式。

年龄较大或有经验儿童的思考时间

在分享过作为刺激物的故事后，教师可以邀请孩子们以两人一组或小组的形式小声交流对该故事的想法。鼓励他们去讨论他们觉得故事存在的奇怪或有趣之处，或者相互说说他们的想法。几分钟后，让孩子们闭上眼睛，或者安静地再坐几分钟，回想自己的想法。当他们觉得准备好后，他们就可以开始把自己的想法写出来或画出来，并通过他们在思考日志中记录的想法形成问题。孩子们可以在这些个人日志中以他们喜欢的任何形式记录下他们的想法和观点。最理想的日志本是 A4 大小的空白本。日志本既可以在课堂上使用，也可以在家里使用，这样有利于展示他们在哲学提问和思考上的发展与进步。应当鼓励孩子们记下任何他们在对话中产生的想法或问题，以便他们可以在以后用到或在私下进行进一步的思考。还应该鼓励他们画出能够说明自己想法的图片以及思维导图，从中他们可以得出自己的想法和问题。这对于年幼的孩子或有沟通困难的孩子尤为重要。孩子会发现，谈论他们的绘画、绘画的意义以及绘画与刺激物的相关性要容易得多。在孩子们画出他们的图式思维时，促进者可以在不同的小组之间走动查看。有些孩子可能需要成人更多的信任与支持，这样他们才能与之分享他们的想法。教师可以和这些孩子轻声交谈，并询问他们觉得刺激物的哪些方面很有趣、他们喜欢哪一部分或不喜欢哪一部分，从孩子那里得到他们关于自己提出的问题或陈述的明确说明。对于不太自信的发言者来说，他们可以用这部分思考时间来进行排练，以使得他们在接下来提出问题或想法时更自信。在这段思考和写写画画时间里，教师也可以问问年幼或还不识字的孩子是否他们也想把问题写在他们的日志里。成人帮助他们把这些问题准确地记录在日志中是非常有益的。

对于较大并且有些探究经验的孩子来说，教师可以鼓励他们尽可能多地思考问题，并使得他们的问题更具哲学意义。

完成这一步大概需要15分钟。教师可以鼓励快速完成任务的孩子去对另一个想法或问题用图示进行说明，或者跟其他完成任务的孩子轻声交流。提醒孩子们，此时仍是思考时间，即使他们已经完成了任务，也必须尊重小组中仍在思考和未完成任务的其他人。执行合理的行为规则，并要求孩子们确保他们只与他人交流他们的思考和想法。孩子们也可以利用这段时间重新回顾故事。他们可能希望检查故事的细节，进一步明确故事的内容。在思考时间里，教师也可以去倾听那些在随后的对话中不太可能发言孩子的观点。在讨论的相关时间，教师可以提出倾听到的孩子的想法，并与他确认代为表达的观点的细节是否准确。

例

"当我和……交流时，她说了一些非常有趣的关于……的事情。"

"我说得对吗？"

"你能告诉我们你为什么这么想吗？"

当孩子感受到他的想法受到了肯定和重视时，他们很可能会觉得自己有能力在大家面前发言。另一个办法是，在思考时间，让孩子参与到小声的小组讨论中。小组人数越少，孩子的顾虑就越少，他们就更能表达出自己的想法。在对话阶段，促进者可以请小组中比较自信的孩子来提及其他孩子的想法。

例

"我们在思考时间谈论这个话题时，……提到，他认为……"

这种形式的同伴认可也可以成为鼓励不太自信的孩子参与对话的一个非常有力的起点。

另一种鼓励孩子在提出问题前思考和交流的有效方法是，让他们在教室走动，比较一下各自提出的问题。在讨论和交流他们的图示表达的内容时，孩子就会发现谁和他一样对同样的主题或观点感兴趣。当孩子找到与他有共同兴趣的人后，他们就能聚在一起协商"共同"的问题了。

探究概念

在这个阶段引入哲学概念可以帮助孩子更好地理解探究目的。这也可以让孩子以及教师在哲学探究的背景下在问题和观点之间建立起联系。

与年龄较小或经验不足的儿童探究概念

在与年幼或缺乏经验的孩子开展的早期探究中，教师让孩子明白我们不仅仅要进行简单的对话，而是要策划一段哲学旅程是很重要的。这段旅程包括我们要理解在谈论的话题及其这样谈论的原因。

在早期探究阶段，教师就可以使用概念卡来直观地展示孩子们在探索什么。这可能包括这样一些概念，比如，"好的""坏的""魔法"与"现实"等。

向孩子们解释并展示一张描写一个概念的卡片，以让他们不仅熟悉卡片上的概念，而且熟悉这个概念在他们自己和他人生活或经历中的意思和感觉。同一个东西，对一个人来说是好的，对另一个人来说可能是坏的。一个人认为真实的东西，其他人可能认为是虚假的。如果有相关的概念出现在对话中，教师就可以向孩子们展示相应的卡片并做出说明。

作为促进者，我们应该告诉孩子们，从哲学上讲，我们正在谈论和思考的概念是什么。正如我们说三条边的图形是三角形一样，我们必须教会孩子去认识正在谈到的概念。比如，"我们现在谈论的就是叫作'现实'的东西"。一旦孩子们开始去理解这些概念的含义，我们就能进一步去探究这些概念对别人意味着什么以及在哪里地方存在分歧或一致之处，为什么会存在分歧等。

与年龄较大或有经验的儿童探究概念

通过在早期探究阶段和哲学游戏中对概念的接触和逐渐渗透，有经验的儿童已经能够识别任何呈现给他们的刺激物所包含的哲学内容。虽然如此，

概念卡依然非常有用。

在思考时间过后，将概念卡一张张地展示出来是非常有帮助的。让孩子们确定哪些卡片代表了他们对于刺激物的想法或问题。促进者也可以在他们的公开评论中提到相关概念，比如，"这是关于嫉妒／真理／权力的吗？"。

教师可以鼓励孩子们更深入地研究刺激物及其意义，然后将他们自己的想法与一个更大的问题联系起来。留出时间让孩子们合作分享对概念本身的理解也能够引发哲学对话，让孩子们进一步探索关于概念本身含义的不同理解。

提问

年龄较小或经验不足儿童的提问

在你期望孩子们提出哲学问题之前，有必要让他们在课堂上探索各种哲学情景下的模拟问题。学会问一些可以用于探究的问题，也是一种需要练习的技能。要保证孩子们理解他们提问的目的。

他们应该明白，提问既富于挑战性也很有趣。发现问题的意义比找到一个"答案"更重要。事实上，这些看似没有答案的问题才是真正有吸引力、可以产生激励和促进作用的。随着孩子们对各种哲学技能越来越熟悉，这些问题将成为他们探究过程中的一个自然组成部分。在早期探究阶段，成人向孩子们示范如何将陈述转化为问题是很有必要的，用一些时间确保他们真正理解了陈述背后的含义，而不是假设他们绝对知道一个孩子在问什么。再用一些时间来让孩子们提出陈述，给他们时间来解释他们的思维过程。如果不留出用于理解的时间，那就可能存在问题是促进者的问题而不再是孩子们自己的问题的风险。

当孩子们学会在哲学探究中提问后，他们就会问一些他们不知答案的问题。他们也会提出一些促进者也回答不出的问题，这会让他们感觉到拥有难以置信的自主权。教师要鼓励孩子们以团体探究的形式努力寻找答案。对答案的寻找过程可以揭示出很多东西，这段旅程是如此新奇以至孩子们愿意从此踏上更多的探究之路。孩子们提出的问题建立在倾听和表达意见之上，而并不一定是事实基础之上，这可以使他们及时学会相信自己的判断，并重视自己和他人的意见。

年龄较大或有经验儿童的提问

教师可以让孩子们在这个阶段回顾他们在纸上或日志上记录的问题：他们提出了什么概念？这个阶段提出的问题对于探究团体来说应该有更明确的哲学意义。有经验的孩子现在可能会看到，他们表达问题的用词可以调整，以便具有更明确的哲学意义。

例如，对于一个事实问题"国王为什么去和龙作战？"，在考虑了权力、责任和战争等后，这一问题可能会变成"为了保护你爱的人，去战斗是可以的吗？"。

下一步是收集所有孩子的问题并把它们记录下来。这些问题应该使用孩子自己的用词，并在问题的旁边写上孩子名字的全称或首字母。最好把这些内容记录在一张大纸上。我们可以使用很多方法来进行这一过程。收集所有的问题可能会花费一些时间，但也有比较快的方法。

收集问题的方法

一种方法是，让孩子轮流自愿说出自己的问题，然后教师在纸上记录下来。另一种方法是使用问题聚焦地。可以用红色的纸做一个圆盘，让想到问题的孩子站在上面提出自己的问题。教师要提醒他们，只有当问题聚焦地没有被占用时，他们才可以走到这里提问。这也可以作为轮流发言的一个提醒，进而将轮流发言的观念渗透到整个探究过程中。使用这一方法的另一个优点是，如果班上的其他孩子有与正在提出问题的孩子同样的问题，他们也可以参与到提问中来。在这种情况下，你必须保证孩子提出的问题的意思是完全一样的，因为他们可能还没学会问题的含义可能会完全改变。

比如，"人们为什么会互相打斗？"这一问题与"人们如何互相打斗？"这一问题的意思是完全不同的。

具备读写能力的孩子可以在思考时间在一张大纸上写下他们的问题。他们也可以把问题写到便签上，再把便签贴在纸上。

在课堂上提供支持的成人也可以在思考时间把孩子们日志上的问题写到一张大纸上。

共同提出问题

这种方法会减少收集到的问题的数量，并帮助孩子们看到问题之间的联系。教师可以让提出相似问题或绘出类似图示的孩子组成一个小组。这样他们就可以相互谈论他们的问题或图示的含义，并通过协商提出一个可以总结小组成员问题的新问题。当他们提出这个新的问题后，促进者可以把该问题以及小组的名称记录下来。

成对提出问题

让孩子们以两人一组的形式探究问题。他们应该先讨论一下他们对刺激物的想法，然后通过协商提出一个问题。对于那些初次组织儿童哲学探究的教师来说，这可以让孩子们集中精力锻炼提问技能，比如进行分类以及提出开放式问题。下一个阶段是思考可以用哲学的方式来讨论的问题。随着孩子们对哲学越来越熟悉，他们可以开始用更深刻的理解来提出更好的问题，也能够用问题进行更深层次的思考。除了解释问题背后的含义之外，教师现在应该鼓励孩子们思考自己的问题如何与他人的问题相关，以及这种提问如何引发对他们感觉重要的事情的讨论。在收集完问题后，教师需要对问题进行分析和明确。通过这个过程，问题可以得到充分的理解，同时也能激发孩子们的思维。

这一过程可以通过鼓励孩子们识别一个能够概括问题意义的概念来完成，这也再次确保了小组对这个问题形成共同的理解。哲学就是对假设的挑战。作为促进者，不预设我们一定能理解孩子的想法非常重要。孩子们能确定他们想要找到的是什么，以及如何用其他人能理解的尽可能清晰的语言来表达他们自己的想法也很重要。当促进者收集问题时，花时间来确保每个孩子都有机会解释他们想问什么问题以及为什么要提出这个问题是非常值得的。

通过投票选定一个问题

在早期探究阶段，对问题进行投票是很有用的。当你和孩子变得更加自信时，你可以对一个基于连接或联系而产生的概念进行投票，或者你会发现，当孩子们已经习惯了从对问题的澄清进入对话阶段后，投票过程甚至是不必要的了。

对问题进行投票的方式有很多。

概念投票

这是让孩子们就一个概念而非一个单独的问题进行投票。通过对问题的分析，可以把问题归到概念中去。如果有很多问题都与某个问题相关，那么这种投票就是很有用的。如果孩子们能够认识到一组问题代表着关于话语、知识和权力的思考，他们可能会希望就这些问题在如此这般的背景下是什么意思进行投票。对哲学思考方面的投票可能会产生新的或者次一级的问题，而不是与刺激物直接相关的较窄的问题。

单次投票

首先，向孩子们解释，他们要对通过提问环节产生的问题或概念进行投票。这些问题或概念可以用随机的方式进行编号，孩子们可以选择一个问题或概念，并在他们选择的问题或概念被读到时举手。举手后，他们只能坐在座位上而不能再次投票。促进者记下每个问题的得票数。得票最多的就成为对话的主题。

多次投票

孩子们可以进行多次投票。所有投票都要被记在相应问题或概念之下。

闭目投票

孩子们在闭着眼睛的情况下对一个或多个问题或概念进行投票。

四角投票

选出四个问题或概念，分别放置在教室的四个角落。教师提醒孩子们四个问题或概念所在的位置，然后他们必须做出选择，站到其中的一个角落。

无记名投票

对问题或概念进行编号，孩子们秘密写下编号，并把他们的选择投入一个投票袋或投票箱中。

对话

促进者在对话中的角色

促进者要做的是,保证对话不仅仅是儿童之间的听说或对话练习。按照对话或讨论的程序进行不是真正的探究。探究的形成源于对深入理解的渴望。作为促进者,我们的最终目的是让孩子自己去提问和独立思考。我们必须鼓励和支持孩子们相互交流,并最终将成人的参与度降至最低。一旦孩子们理解了探究中所涉及技能的重要性,他们就会很快进入状态。孩子们必须首先理解如何倾听、明确观点、扩展想法以及如何共同寻求更深入的理解。

促进者首先必须引领孩子们朝着哲学方向前进。以下列举一些作为促进者可以使用的问题。这些提问技能有助于推动更深层次的思考。

促进者的问题

- 你能给我们举个例子吗?
- 你有过这样的经历吗?
- 这总是真的吗?
- 你为什么相信……?
- 你说……是什么意思?
- 你能用另外一种说法吗?
- 这样做可以/好吗?
- (a)和(b)有什么不同之处?
- (a)和(b)有不同之处吗?
- 这发生在哪里?

- 你的想法/感觉是什么？
- 有人同意或不同意……吗？为什么？
- 有人有不同的想法吗？
- 这和……是如何联系在一起的？
- 你和谁的想法有关联？
- 你这样说有什么依据吗？
- 我们怎么能发现呢？
- 你能概括一下你说的话吗？
- 还有什么理由让我们相信……呢？
- 有没有可能……？
- 你确定就是这个意思吗？
- 有什么情况会使你提出不同的看法吗？
- 什么会改变你的想法？

让儿童来做促进者

我们的最终目的是让孩子们承担起促进者的角色。因此，教会他们使用一些用于对话交流的语言和词汇以及用于进一步推动对话的语言和词汇就是很有必要的。在初始阶段，教师公开教授可使用的短语可以让孩子们有信心主导思维的过程。如果孩子们有能力识别对话偏离了任务或者存在矛盾之处，教师就可以让他们来主导探究过程。教师应该鼓励他们要求他人明确观点。

促进者首先要给孩子提供可使用的准确的语言，例如，"对 X 说，'我不明白你的意思是什么'或'你能换一种方法解释吗？'"。

教师应该鼓励孩子并教会他们使用邀请他人参与对话的用语。例如，"对

X说，'我想听听你的想法'或'你是同意还是不同意我的说法？'"。

最重要的是，应赋予儿童禁止的权力，让他们作为促进者有权去处理不必要和无益的行为。例如，"对 X 说，'你这样做让我没法清晰思考了'或'你跑题了，说的并不是我们要讨论的问题'"。

结束与评估

结束就是对这节课的总结。给孩子们几分钟时间静静地回想一下这节课的内容，然后促进者可以让孩子们来决定对话在哪里结束。也就是，讨论了哪些问题？哪里还没说清楚？下一步继续讨论的重点是什么？哪些问题或者有什么新的问题可以带回家继续思考？

关于儿童哲学探究结构的反思

- 你如何保证孩子们喜欢哲学探究？
- 你如何记录促进过程中的成功和困难之处？
- 你如何确保所有孩子都参与进来？
- 你如何保证追踪孩子们哲学技能的发展？
- 哪种刺激物对孩子们最有效？
- 孩子们认为探究的成功和困难之处是什么？
- 你如何记录孩子们对探究的反思？

第八章

图画书里的儿童哲学

藏在图画书里的世界

案例研究

图画书资源

藏在图画书里的世界

终于,我们来到了哲学思考旅程的终点,我们将用高质量的图画书为这趟探究旅程画个句号。在这之前,我们曾经鼓励孩子们在游戏和故事中享受乐趣,现在我们给他们创造一个进入另一个世界的机会。在这个世界里,人们不仅会欣赏图书丰富的语言、生动的插图,还会探寻其背后蕴含的信息。高质量的图画书是打开深刻思考之门的终极钥匙,让我们思考自己梦想的、渴望的,思考自己曾经经历的幸运与不幸。生命的一切都存在于图画书里,从对仙女存不存在的好奇到能够战胜死亡的现实主义,图画书能让我们认识自己的情感,并与他人产生共情。

为什么使用图画书?

本章我们将来研究一些可以用于鼓励儿童以及青少年进行哲学讨论的图画书,探讨图画书对于哲学探究的潜力,提供来自3—11岁孩子的案例研究。

对于小学阶段案例的记录,要特别感谢诺福克郡阿克勒小学五年级的孩子们以及"教育中的哲学探究与反思促进协会"(The Society for Advancing Philosophical Enquiry and Reflection in Education,简称

SAPERE）的儿童思维培训师玛丽亚·科尼什的帮助。

以下所列图画书在早期教育阶段和小学阶段都已经试用过。案例研究中也包括了探究活动中出现的关于这些图画书的问题，可以帮助教师看到将图画书用作哲学探究刺激物时进行深入和批判性思考的可能性。

用于哲学探究的 10 本图画书

用于练习早期探究技能的图画书

以下两本书可以用来告诉年龄较小或经验不足的孩子，我们可以利用图画书来开展探究活动。这些图画书可以为从通过游戏开展早期探究到利用富有挑战性的图画书进行更正式的探究搭建桥梁。

这些图画书对于我们培养孩子掌握在未来通过阅读进行探究的技能十分有益。

《你喜欢……》（*Would You Rather?*）

约翰·伯宁罕（John Burningham）**著/绘**

技能：做出选择并给出理由，积极倾听他人的想法。

你喜欢帮小仙女变魔术、小矮人挖宝藏、顽皮鬼搞恶作剧还是帮圣诞老人送礼物？

对教师来讲，如果你希望在教室里介绍哲学思维，那么这是一本理想的首选书。书中给出了各种情景，孩子必须做出选择，但是正如在现实世界中那样，我们的选择并非总是存在于好与坏之间，反而常常是不得不在坏与坏之间进行选择。让孩子们先在故事安全的环境中探索各种艰难的选择，会增进他们把技能运用到现实生活中去的信心。如果发现其他人对你的想法表示赞同或者不赞同，那么就能围绕做出选择过程的优缺点进行更多的讨论。

《我是国王》（*I Am the King*）

莱奥·蒂姆斯（Leo Timmers）著/绘

技能：做决定，探究概念，质疑假设。

哪项品质成就最好的统治者？力量、恐惧、狡猾、机智还是尊重？

森林中的动物们在地上发现了一个王冠，于是他们开始争夺国王的角色。每个动物都为自己找到了理由，认为自己应该当国王，可是国王只有一个。《我是国王》这本图画书让孩子们去探究并质疑动物们关于行为与外表的假设。探究领导关系本质背后的哲学概念，就要讨论公平问题，研究造福大众的规则。如果你是国王，你会怎么做？你会强制执行什么规则，为什么？为什么我们需要领导？我们能不能生活在一个人人平等的世界中？

用于开展团体探究的图画书

接下来介绍的几本图画书可以作为开展更正式的团体探究的刺激物。

在探究每一本图画书以及深入理解哲学概念方面，孩子们都要运用积极倾听、推理、表达赞同或不赞同的技能。

《黑象和白象》（*Tusk Tusk*）

大卫·麦基（David McKee）著/绘

概念：战争、和平、差异、容忍。

是什么让人类卷入战争？为什么人类难以接受别人与我们不同？我们可能生活在彼此完全接受的世界中吗？

黑象和白象与其他动物都能和平相处、相安无事，但它们之间却水火不容。它们之间的战争一触即发，甩起鼻子当作长枪互相厮杀起来。与此同时，两群大象中热爱和平的那些大象一起走进丛林的最深处，多年之后再见到它们时，它们都已经变成了一群灰象。但是，麻烦事并没有就此结束……

这本书引导孩子们探究容忍、战争与和平，以及何为差异等问题。可能会出现这样的问题，是否曾经有过所谓正义的战争？为什么差异如此让人难以接受？有些差异是否比另外一些更难让人接受？

《野兽国》（*Where the Wild Things Are*）

莫里斯·桑达克（Maurice Sendak）著/绘

概念：现实、梦想、权力、责任、逃避。

这本经典的图画书非常适合用于早期探究。迈克斯的新世界是一个充满神秘的好奇和自我发现的地方，他新发现的权力和责任都是不受限制的、成问题的。孩子们都被这个想象中的世界所吸引，在那里，卧室可以变成海洋，墙壁可以变成周围的世界。问题是，为什么是迈克斯被选作领袖？他当了领袖会有怎样的责任？他为什么还是选择了回家？书中迈克斯的所作所为对别人有怎样的影响？想象是如何起作用的？我们能用想象力来逃避问题或者解决问题吗？

《最后的玩偶》（*The Last Noo-Noo*）

吉尔·墨菲（Jill Murphy）著/绘

概念：顺从、欺凌、做选择。

为了不放弃他的奶嘴，小鳄鱼马龙不得不面对来自成人和儿童的双重压力。故事中的每个人都从不同的角度来看待奶嘴。这可以用来探究责任、成长以及服从既定的社会习俗等。面对同伴压力和欺凌，马龙非常坚强，他一点也不在乎，还找到了新奇的方法来保留自己的习惯。在这本图画书中，儿童既可以体验成人的角色，具有强加于别人之上的权力，又可以体验孩子的角色，他们无力做出自己的决定。谁来决定我们应该做什么，以及何时去做？一个社会的行为和价值观是如何变化的，为什么会发生这些变化？谁对孩子的行为负责，如果没有成人去决定孩子的行为，又会发生什么情况？

《恐龙小姐不知道她已经灭绝了》（*Edwina: The Dinosaur Who Didn't Know She Was Extinct*）

莫·威廉斯（Mo Willems）著 / 绘

概念：真实、知识、科学证据、信念、快乐与接纳。

恐龙小姐住在一个很受欢迎的社区。她会烤饼干，帮助老婆婆过马路。但是，小男孩雷纳德·凡·呼比嘟比（Reginald von Hoobie-Doobie）把让人们相信"恐龙已经灭绝了"当成自己的使命。然而，只有恐龙小姐愿意听他的长篇大论。

这本图画书探究的是为什么人们相信他们所相信的。信念与真实之间的区别是什么？你怎么知道恐龙真的灭绝了？对于我们自己没有见过的东西，什么样的证据是可接受的？我们会在不知道真相的情况下感到快乐吗？在什么情况下，我们需要真实的证明？证明必须总是科学的吗？

与年龄较大或有经验的儿童进行哲学探究的图画书

《动物园》（*Zoo*）

安东尼·布朗（Anthony Browne）著 / 绘

概念：自由、囚禁、动物权利。

作者安东尼·布朗最初因为这本与众不同的图画书受到不少批评。有些评论家认为这本书是反动物园的宣传，他们认为书中传达的纯粹是动物园是错误的信息。实际上，这本书只是为了鼓励人们思考动物与人的本质。书中的角色不正是动物吗，或者说动物们不正是书中的角色吗？它当然也提出了以及讨论了动物园的本质和目的。通过探究人与动物的相似性，孩子们可以讨论人和动物的权利。例如，为什么要关押人？为什么有些人更危险？有些人需要保护吗？如果是的话，要保护他们免受什么以及谁的伤害？对于这些问题，如果考虑对象是人，那么与考虑动物的情况一样吗？

《三个强盗》（*Three Robbers*）

汤米·温格尔（Tomi Ungerer）**著 / 绘**

概念：暴力、偷盗、平等、人性。

这是一本相当成功的图画书，已经被翻译成多种语言，如今还做了修订，特别适合用于儿童哲学探究。带着武器的强盗们总是去抢劫别人、威胁大家，把财宝据为己有。这个故事的困惑出现在，有一天，三个强盗抢来了一个孤儿芬妮，芬妮对他们说，他们抢了钱却不用，这毫无意义。于是，他们用不义之财买了一座城堡，把那些没人爱的小孩、失去亲人的小孩都聚到这里，让他们无忧无虑地长大。这本图画书在很多方面都值得思考，强盗和孩子们都穿着一样的衣服，强盗们对自己的抢劫行为没有感到过懊悔，相反孩子们非常尊敬他们，还专门为他们建起了高塔。这个故事发人深思的是关于道德责任问题。通过抢劫得到不义之财来帮助别人是对的吗？有正义的偷盗行为吗？什么是财富？为什么强盗们抢了钱却不用呢？

《机器人和蓝鸟》(The Robot and the Bluebird)

大卫·卢卡斯（David Lucas）著/绘

概念：身份、爱、生存、牺牲。

机器人的心脏坏了，难以修补，所以他被送到了废弃场。一天，他遇到了一只筋疲力尽的蓝鸟，他邀请蓝鸟住在他的心房，他感觉自己的心脏在重新跳动，蓝鸟振动的翅膀给了他新的希望和能量。

在一路向南的漫长的旅程中，机器人为了保护和庇佑这只蓝鸟，一直忍受着痛苦，牺牲着自己。

这本书让儿童探索生命的本质。是什么让我们成为人类？机器人与人有何不同？孩子们还可以从"是什么让机器人思考"这个问题开始想一想人的意识是什么，机器人的意识是什么。机器人能思考吗？它们有感觉吗？爱又是什么？为什么我们要牺牲自己？

《岛》(The Island)

阿明·格里德（Armin Grede）著/绘

概念：无知、宽容、恐惧、人权。

这个强有力的故事围绕着一个小岛展开，一个意料之外的陌生人打破了小岛的宁静。陌生人与小岛上的人如此不同，岛上的人应该怎样处理不同责任之间的冲突，如何面对"差异"引起的本能的恐惧呢。

这本图画书给出了一些明显的概念，包括排外心理、人权以及种族主义。只有当孩子们开始思考这类问题，他们才开始了解人类行为的复杂性。说出"小岛上的人为什么不平等对待这个陌生人呢"这个问题很简单，但为了回答这个问题，他们必须首先弄明白平等问题，理解并可能质疑他们对"如果你担心你所爱的人会遇到危险，你该如何反应？"这个问题的理性分析。

案例研究

从以下关于这些图画书以及其他图画书的案例研究中，我们可以更全面地了解如何利用图画书进行哲学思考、提问和对话。这些案例研究的目的在于让我们体验探究中的参与者和促进者的感受。

以下案例研究向我们表明了，儿童和促进者是如何克服困难去寻找词语、明确含义，共同努力推进他们的思考的。这些案例研究也可以体现出年龄与经验对于对话的影响。5岁孩子的语言发展得成熟程度与较小的孩子的语言发展形成了鲜明的对比。但是，在团体探究中一起合作的愿望以及享受自由思考的乐趣贯穿始终。最重要的是，所有的对话都显示，孩子们能够面对富有挑战的刺激物，这也会激励你继续和孩子们一起进行这样的探究。

《当一只怪兽出生后》探究活动

这是由玛丽亚·科尼什做促进者，在诺福克郡阿克勒小学使用肖恩·泰勒（Sean Taylor）著、尼克·沙拉特（Nick Sharratt）绘的《当一只怪兽出生后》（*When a Monster Is Born*）开展的探究活动。

促进者：我们来聊一聊是什么让人成为人的问题。我们可能会谈到怪兽与人的不同。如果有一只怪兽看起来长得很像人，说话声音也像人，像人一样长大，但是萨姆说"他们不会是人"……

孩子们：是的！

促进者：我感兴趣的是它为什么不是人呢？是什么让一个人成为人呢？

莉迪娅：人是活的，会说话，血是恒温的，人是由两个人——一个女孩和一个男孩生出来的。

促进者：通常是一个女孩和一个男孩……

莉迪娅：是的，通常是，大多数是的。

促进者：你是说，有的人不是女人也不是男人，但他们会有孩子是吗？

孩子们：是的。

促进者：你们是说，要生孩子必须得有一个男人和一个女人——但是他们可能不会照看孩子？

孩子们：对。

促进者：明白啦。你们还说到一件事就是会说话——如果我不会说话，那我就不是人了吗？

莉迪娅：不是这样的。乌鸦也会说话！

促进者：哦，我们让莉迪娅来讲一讲。

莉迪娅：挺难说的，因为世界上的人绝大多数都会说话。

其他孩子：我们看到了她正在说话。

萨姆：怎样才算是一个人呢？会说话，会呼吸，是恒温动物，还有其他的吗？

促进者：很有意思，萨姆。这样说的话，是哪一项让怪兽与人不一样呢？

莉迪娅：嗯，你一般不会看到怪兽在街上走。

其他孩子：你怎么知道？

促进者：你上次看到斑马在街上走是什么时候？

莉迪娅：从来没有过，走在街上的多数是人，而不是怪兽。

促进者：嗯，听了莉迪娅的话后，其他人有什么想法呢？人的问题真是个棘手的事啊，确实很难。乔，你接着说。

乔：我觉得没有什么能变成人……如果它长得像只怪兽，和人做朋友的话，它会难过的，因为它是只怪兽而不是人。

促进者：你开始说到"没有什么能变成人"——我不太明白你的意思。

乔：如果它长得像怪兽，是不同于人的东西，你真的不能改变它吧，是不是？

促进者：我不知道。你觉得呢？假如我是来自太空的外星人——我会希望你告诉我人是什么。还有别人来讲一讲吗？

勃朗特：人有独一无二的身体构造。必须有肺、心脏等这些只有人才有的器官。

促进者：嗯，那就等于说"一个人是一个人"，"一个人是由人的部分组成的"。——但我想知道的是，人是什么……

勃朗特：动物也有心脏和肺。

促进者：那么，动物和人有区别吗？

孩子：人没有黄黑的皮肤吧？

促进者：你是说就像豹子那样的花纹？还是像兔子那样的颜色？

乔：可是我们要找的是不同之处，我跟班上其他所有人都不一样。

促进者：那么请告诉我你怎么样才是一个人，而不是其他东西呢？

伊莎贝尔：动物是不一样的——动物浑身长着毛，或者有条长长的尾巴。人就不一样了，比如人有胖乎乎的脸蛋，但是动物也可以像人那样去工作。一只怪兽可以像人那样说话，也可以像人那样活动。

促进者：哦，那么"像人那样活动"是什么意思呢？

伊莎贝尔：就是去模仿人，让自己像人那样自然。

促进者：好吧，如果我要模仿人的话，需要做些什么？

雅各布：你得……你能做些伪装吗？你把自己装成那个人去做事。

促进者：也就是说，我会让自己看起来像一个人。这里有一张人的照片——我要来装扮一下让自己看起来像他那样。然后呢，我还要做些什么吗，或者说，已经足够了，不用再做其他的了？

托比：你还必须穿上不一样的衣服，因为我们的衣服都不一样。

促进者：好的，那就这样做。我必须让自己看起来像一个人，我必须穿上人的衣服，还有其他的吗？

本：你的动作也得像人那样。

促进者：没错，但是该怎样做呢？

哈里：一个正常的人会很优雅，站得笔直，穿着套装之类的。

促进者：哈利，你觉得还有其他的吗？

哈利：我想，如果看到一只穿着套装的怪兽……人还要有礼貌。

促进者：很好。所以人需要……到现在为止我们总结了这些，一个人要有身体，需要看起来像个人，需要有骨头，需要身体的所有部分、骨架、血液和心脏。现在再加上讲礼貌。接着想想还有哪些……

莉比：还有感觉。

促进者：还要有感觉。还有别的吗？

贝丝：他们要有感情。但是，如果他们有不同的感情，也不是说他们就不是人类，那只是因为他们有一点点不一样。

促进者：好。有没有什么东西，是成为一个人必须要有、不能缺少的？我们已经讲到了，即便他只有一个胳膊或者一条腿或者一个畸形的脚趾头，但他仍然是人……

伊莎贝尔：他们的呼吸闻起来要有人的味道！

促进者：他们的呼吸闻起来要有人的味道？那是一种什么味道？

伊莎贝尔：所有的呼吸都不一样啊！如果你想知道，你就想象吞掉一整管牙膏。

托比：怪兽吃很多东西，但是从不刷牙。

乔：你怎么知道怪兽不刷牙呢？他们也许有很好的牙刷呢。

哈里：没有人真的知道怪兽长什么样子，我们不能说它长得像什么样子，从来没人看到过怪兽。

促进者：不，我们要说的是"是什么让人成为人？"，现在我们已经知道——要有完整的人的身体、骨架、感觉、有礼貌（不管是什么，比如友好之类），还要是恒温动物。

乔：DNA！

本杰明：就是说他们去感觉事物，就像人那样。

促进者：这是什么意思，摸起来的感觉，还是什么别的感觉……？

莉比：好比下雨的时候，我们的胳膊能感到有雨点。

本：就像莉比说的，他们能感觉东西，但是他们可能会有20/20这种超强视力的超感官。比如，他们真的有超强的感官，像视觉或者嗅觉。假如一公里外有块奶酪，我们人类肯定闻不到的，但是他们能。这样的话，他们就不得不做点什么或者试着做点普通的事。

萨姆：你是怎么知道的？

本：我是说他们可能会这样，我不是说他们就是这样的。我说的是他们有可能这样。

哈里：是的。因为他们可能会去学习怎样像真的人那样，而且住在房子里。

迪伦：我们现在是把外星人当成了怪兽——我不会把他们叫作伪装的东西。

莉迪娅：嗯，我们谈论的是你实际成为人所需要的。很多人的头上都有头发，完全不同于其他动物。动物有毛皮或者羽毛。

本：我们都是动物。

莉比：有些动物生病了就没有毛了。

促进者：你们真的认为头上的头发能用来定义人吗？头发就是那个关键吗？

孩子们：不是。

萨姆：是DNA。

迪伦：DNA没法伪装！人的模样可以伪装，人的性格也能伪装，但是DNA不能伪装。

本：为什么会有人知道你的DNA呢，除非你需要打针什么的。

促进者：为什么想要看DNA并不重要，你是说如果有人想说"我前面这个东西就是一个人"，你就需要看——并不是别的意思，对吧？

本：因为每三年要打一次疫苗，一只怪兽并不需要这样做吧？

乔：怪兽不用去打针！他会一边说"我不要打针"一边跑走的。

本：如果他觉得不舒服，他还不知道怎样去预约医生。他都不知道那是怎么回事。

促进者：你认为没人不知道怎样预约医生是吗？

迪伦：因为有些孩子有残疾，有些家长也有残疾，他们不知道怎样去预约之类的。

莉迪娅：如果怪兽有个朋友，他能按铃叫医生过来，然后说"哦，他需要预约看病"。

萨姆：他不想去吧？

本：他可能会带他的怪兽朋友去。

促进者：好的。大家停一停，我来问问大家——如果你想成为一个人，就坐在咱们这个圆圈的这边；如果你想成为一只怪兽，就像咱们刚才定义的那种怪兽，就去坐到圆圈的那边。

（孩子们做选择并移动位置。）

莉迪娅：我能坐到中间吗？

促进者：不行，你必须选择一边。

莉迪娅：可是我不知道怎么选。

促进者：你必须做出选择——即使不是你最想要的。

（孩子们移动位置。）

促进者：好啦。这边的孩子们，你们为什么觉得做人更好呢？

乔：我觉得，如果你是只怪兽，很多人都会害怕你。在怪兽的世界里，他们觉得我们人类很吓人，但是在我们的世界，我们觉得怪兽很吓人。

萨姆：我想的跟乔一样，因为如果你是只怪兽，你真的不会有朋友的，你太吓人了。

本杰明：在地球上，你最好还是做一个人吧，怪兽不想被认出来，他们更想低调一点，住在森林里。他们不想被看到。

哈里：如果一个人去到怪兽的星球，他们肯定想低调点，怪兽会觉得人长得很可笑。

贝丝：我更想做人，因为人一辈子可以做很多不同的事。可是怪兽呢，只能做同样的事。

促进者：为什么，为什么你会这么想？

贝丝：因为我知道怪兽除了在屋子里走来走去吓唬人，没有什么可做的。所以我愿意做人，你可以到处走走看看，看到各种各样的东西。

促进者：你说的这点很容易，很有趣。还有其他人有别的重要理由吗？

萨姆：更有意思。

哈里：如果你长得像只大猩猩，你可能更喜欢做人。要不然你就会被抓起来，等你被抓住了，就不能到处走了。

萨姆：我会的。

伊莎贝尔：怎么会？你走到哪里，都有人追着你。

促进者：好的，那么人会害怕你吗？

贝丝：尤其是你去到城市里。

促进者：那要看你去的是哪里，对吗？不管是地球上还是怪兽星球上？

乔：比如你在地球上，你是只怪兽，你希望得到帮助。怎么得到帮助呢，你周围都没有人。

萨姆：我愿意成为人，因为做人的时候，你周围来往的都是一样的人。要是只怪兽，在地球上你不可能跟真的人类在一起，毕竟只有你那么与众不同。

促进者：你说的这些像是关于异化的，只能低调一点，把脸藏起来，要不然会吓到别人。咱们再来听听怪兽怎么说。

本：如果你是地球上的一只怪兽，可能会有超能力，或者能控制心灵，会读心术。或者有人们都不知道的高科技手段。比如说任天堂游戏机，人类有这个，但是怪兽宝宝玩的大多数高科技游戏都是优诺纸牌或者大富翁，或者高科技激光枪什么的，不会伤害别人的，但你永远不可能知道。

迪伦：就像哈里说的那样，你不会真的像个果冻怪那样跳着四处走动，但是如果你们人类走到怪兽星球，他们就会说："哦，不，为什么他只有两只眼睛和十根手指？"

哈利：我觉得你可以改变一下外貌。

促进者：好吧，要做一只怪兽，你可以变换一下造型——为什么这样做是好的呢？

贝丝：因为你可以学着像个人那样，你可以慢慢长成一个人，你就可以两种都做了。你又是怪兽又是人。

莉比：我感觉很难做出决定。

促进者：为什么这么难做决定？

莉比：我想的是与众不同还是完全一样。

孩子们：你知道我是怎么样的……

迪伦：嗯，人类……没有什么对人类不利的理由，但我还是觉得他们选择做人不对。很难解释。

促进者：如果我理解错了请告诉我……那是不是想要与众不同才选择做怪兽？

迪伦：是的，可能是。

促进者：做怪兽比做一个与众不同的人更难一些？

迪伦：是的。

促进者：为什么那是好的呢？

迪伦：我不知道，那只是一瞬间想到的。

促进者：想想迪伦说的，很有趣。再想一想，为什么会好一点呢，因为我不确定你自己是否已经解决了这个问题。

本：如果你是一只怪兽，你才会更自由，因为作为人，你会被所有工作束缚着，如果你不工作，又有个孩子，你就不得不去工作挣钱。但如果你是一只怪兽就很自由，你有时间去玩。

促进者：好，也就是说，你认为怪兽更自由，因为可以为所欲为，不用被限制在人类的事务中？

莉比：你可以光玩，去做你想做的任何事。

萨姆：作为一只怪兽，你可以来到人类星球，把自己伪装成人类，再回到怪兽星球，那得多好玩啊。所以，我觉得做怪兽更好，你可以做比做人的时候更多的事情。

促进者：你同意本的观点吗？

萨姆：同意。

乔：我要做怪兽，因为我相信做人太无聊了，我相信偶尔变换一下才好玩。

促进者：好的，哈利，你为什么决定做一个人呢？

哈利：嗯，我确实想过去做一只怪兽，但是后来我觉得他们可能没法玩，我觉得怪兽活不长。

伊莎贝尔：人类对于怪兽来说是怪兽。我们对于那个说"怪兽存在，但是我们怎么知道呢"的人来说，我们就是外星人。

促进者：我们现在说它们存在是为了进行讨论。

伊莎贝尔：我们怎么能知道呢？

促进者：我们怎么知道人类存在呢？我们怎么知道我们不是生活在某个人的梦里？

哈里：我们就在这里呀。

贝丝：人类已经活了很久很久了。

促进者：好了，现在有人需要改变你的选择吗？

（一些孩子做了改变。）

本杰明：为什么，你为什么要去做怪兽？你来到地球会发生什么你知道吗？人类会把你抓进研究基地，做解剖，做实验。

哈利：不会的，他们会以为我能喷火，我会吃掉他们……

促进者：好吧，本，你为什么换了选择？为什么改变了想法呢？

本：如果你是一个人，就只能一成不变，不能变成想成为的那样。

促进者：是不是因为我们是人类，你认为怪兽才不一样。但是，如果我们大家是怪兽坐在这里，你还会站到相反的那边吗？我想，做一只怪兽很开心，因为谁也不能取笑我。

本：如果人类解剖怪兽，怪兽也会解剖人类的。

迪伦：他们可能会做得更多，只要轻轻一碰，就能把人的大脑取出来。

促进者：我们再回头看看这本书吧，你们觉得这本书是给多大的人看的？

萨姆：这里面有一些比较复杂的词，比如"怪兽"和"旅馆"，所以我觉得应该是给五六岁的孩子看的。

伊莎贝尔：我觉得是给大人看的，或者实际上是给所有人看的。乍一看好像是给小朋友看的，但我们已经用了一个小时来讨论了，所以很显然没那么简单，是给所有年龄的人看的。

《机器人和蓝鸟》探究活动

与5—7岁的16个孩子分享了大卫·卢卡斯的这个故事后，我拿出一些概念卡放在地上，请孩子们思考哪些卡片上的概念最能解释他们问题背后的想法。

这些问题有：

- 为什么机器人的心脏坏了？
- 为什么蓝鸟爱上了这个机器人？
- 为什么机器人还能行走？
- 为什么蓝鸟对机器人那么友好？
- 为什么机器人让蓝鸟住在他的心房？

然后我解释说，我们要使用概念卡来思考哲学意义，继续推进对进一步提出的问题的思考。

孩子们选择概念卡并给出理由。通过这个过程，孩子们确定并说明了以下几个概念：爱、权力、保护、拯救、同一性、勇敢、选择、自由和生存。

接下来让孩子两人一组从中选择出一个概念，并根据这个概念提出进一步的问题。

进一步的问题包括：

- 机器人有心脏吗？
- 如果机器人能感知事物，那么他算是一个真正的人吗？
- 爱一个人真的会让我们心碎吗？
- 如果机器人没有帮助蓝鸟，蓝鸟还会爱上机器人吗？
- 你会爱上一个从未为你做过事的人吗？
- 人们假装友好是为了得到自己想要的东西吗？

下面的摘录来自对于进一步提出问题的对话。

阿比：我觉得，有时候人只是假装做你的朋友，这样他们就可以得到好处。就好比我姐姐们说她们也要玩游戏，其实就是要抢走我正在玩的玩具，有时候惹的我生气了，妈妈还会说是因为我不愿意分享。

麦迪逊：但是有时候你不得不假装喜欢，要是你很穷，没有地方住，你就得特别友好，这样你才能住在别人的房子里。

亨利：并不是所有人都不信任你，可能有些人不信任你。

阿比：可是你怎么知道他们是不是真的友好，有没有在骗你？

促进者：你指的是谁？

阿比：我的意思是我们怎么知道人们是在对我们友好还是在欺骗我们？

促进者：你是说我们怎样判断谁是我们真正的朋友？

阿比：是的，有时候别人跟我说"你不是我的朋友"，但是我还是他的朋友，我们只是在生对方的气。

拉韦尔：我觉得我知道你是不是真正的朋友，因为第二天，甚至就是吃完晚饭或上过数学课之后，你忘了你在生气或嫉妒之类的，然后你又是我的朋友了。

促进者：所有我们可以先假装做朋友，再成为真朋友吗？

阿比：是的，我想会这样，就是你以前没有朋友，然后就有了真正的朋友。

蒂莉：对，比如你是个婴儿的时候，你就没有朋友。

拉韦尔：你知道我是个婴儿的时候有朋友，我在丹尼还是个婴儿的时候就认识他了。

亨利：但是你们不能成为真正的朋友，因为他不会说话，你也不会。

拉韦尔：可是不说话也可以做朋友，就像在电影院看电影，你也不说话。

奥利维娅：或者即使你的朋友不再和你上同一所学校了，而且可能只能一年见一次，你们仍然是朋友。

阿比：是的，我有个朋友住在澳大利亚。

促进者：我知道幼儿园有个小女孩，她有很多想象中的朋友。你们觉得这可能吗？

奥利维娅：哦，可能吧，但是我不知道。

促进者：朋友只能是人吗？

蒂莉：我想你可以有假想的朋友，因为你可以和他们聊天什么的。

乔治：但是他们没法回应你啊。

促进者：那不是跟远在澳大利亚的朋友一样吗，他也没法和你说话？

拉韦尔：是的，朋友只能是人。机器人不是人，对吗？

乔治：他不是真的人。

阿比：在这个故事里，他就是真的，因为他能感受到悲伤，也有爱。

促进者：以前有人问过一个相关的问题，就是机器人可能像个真的人那样吗？

亨利：可以，安卓（android）就可以。

奥利维娅："安卓"是什么？

亨利：是个机器人，他在所有方面都跟人一样。

促进者：哪里都一样吗？

亨利：对，他有皮肤啊什么的，但实际上不是，因为他的皮肤下面是电线和电路。

促进者：还有其他不一样的吗？

亨利：嗯，他像个电脑，并没有大脑，他只能想你让他想的事。

促进者：他可以回答你的问题吗？

拉韦尔：我觉得可以，因为他可以去网上查一查什么的。

促进者：上网搜索是个查找信息的办法。你觉得信息就是知识吗？

蒂莉：嗯，很难说，信息就是我知道的东西。

促进者：没有真正地去体验事物，你能"知道"事物吗？

麦迪逊：对，可以的，我是从书上和电影上知道的关于恐龙的事情，因为我从没有见过一只恐龙。

拉韦尔：但是你怎么知道恐龙是棕色的或者它们的皮肤是什么样的，因为我们只见过它们的骨架。

乔治：我觉得也许我们可以根据别的动物来猜，要不然没法知道，除非坐着时光机回到一百万年前。

拉韦尔：安卓就能知道恐龙，如果他是个时光机机器人。

促进者：好的，那我们再来聊聊安卓。如果我让他爱我，他能吗？

阿比：不行，因为他没有心脏。

亨利：但是有时候他有电子心脏，可以有电子心跳。

促进者：电子心脏能感知事物吗？

亨利：是啊，实际上，我不觉得你需要心脏去爱，因为感觉都来自大脑，你只需要一个大脑，就能感到开心、悲伤或者愤怒。

由于时间限制，这一部分到此结束。我把机器人能不能有朋友的问题留给孩子们，让他们回家去思考。

《三个强盗》探究活动

这是由玛丽亚·科尼什做促进者，带领诺福克郡阿克勒小学 15 个有过 1—2 年儿童哲学探究经验的 9—10 岁五年级学生围绕汤米·温格尔的故事进行的探究活动。

孩子们先听故事，然后两人一组进行讨论，并选择一个问题提问。

促进者：我们来看一下这些问题，所有的问题，并想一想——这本书的主题是关于什么的。请用一个词来总结这个故事，这个故事可能是关于……这个故事也可能是关于……比如，《灰姑娘》的故事可能是关于爱的，也可能是关于报复或者嫉妒的等。

贝丝：同情。

托比：友善。

萨姆：爱。

伊莎贝尔：关心。

哈利：愤怒。

本杰明：偷窃。

哈里：嫉妒。

促进者：为什么是嫉妒？

哈里：因为他们自己没有过孩子……或者像孩子那样的东西。所以他们想要孩子，用孩子代替了财宝。

莉比：生活。

促进者：生活这个词太大了，可以表示任何东西。你们得缩小一点范围，很好的尝试。

莉迪娅：好奇。

促进者：好奇……为什么？

莉迪娅：芬妮对强盗很好奇。其实她根本不怕他们。

（然后，促进者让孩子们去提出他们的问题。可以让一些孩子先提出他们的问题，然后其他人倾听并思考这些问题是否与自己要提出的问题有相同的主题或处理的是相同的问题。）

本杰明：为什么他们把抢来的所有财宝都用在了孩子身上？

促进者：为什么他们把所有抢来的财宝全部花光了？

本杰明：是的，花在别人身上……而不是他们自己身上。

促进者：还有人也有这个问题吗？

贝丝：他们为什么会照顾孩子，变得像别人一样友善？

促进者：这两个问题有关联吗？

贝丝：是的，因为他们把抢来的钱花在了孩子身上？

促进者：好的，这就是他们为什么会改变，为什么他们成为强盗后却变得"友善"。所以，你认为这一切都有关联，是吗？

萨姆：我的问题和贝丝的问题有关联，那个让他们改变的孤儿有什么不一样的吗？

促进者：所以这是关于……？

萨姆：是关于改变的。

促进者：孤儿做了什么让强盗改变了？是孤儿的……这是一个假设。

萨姆，我想这是因为强盗来找她，她很兴奋。

促进者：这三个问题的主题是什么？

萨姆：改变。

促进者：改变。从一种行为转变为另一种行为。还有人的问题是关于他们行为的改变的吗？

乔：他们为什么用孩子代替财宝？因为你知道他们是怎么捐出所有财宝，开始用于孩子身上的。他们把所有的钱都花在孩子身上……所以可能有联系吧。

促进者：这是刚才的主题，还是另一个问题？

乔：不一样吗？我想想。

促进者：我们再来问一次。看看你是怎么想的，也来听听大家的想法。

乔：他们不用财宝，却用孩子，这是怎么回事？

促进者："用孩子"？他们用孩子了吗？

（乔看起来有点沮丧。）

促进者：不是，我不是说这是错的，乔。你选择的词很有意思。

乔：我觉得不对……他们真的一点钱都没用，却全用在了孩子身上。

促进者：那么，这是关于改变还是关于把钱花在孩子身上的，或者花在其他人或者……

乔：我觉得是改变，因为他们抢了东西，然后把这些钱花在了孩子身上，让孩子们过得更好。

促进者：还有其他问题吗？

雅各布：他们为什么对待这个女孩的方式跟对待那些被抢的成人不一样？

（这里，促进者问孩子们，这是否是关于行为改变的，孩子们都说是。但是，经过反思，这显然是关于人们对待儿童和成人的方式的，更多是关于萨姆提出的关于孤儿的问题的，关于孤儿的哪些方面使得他们发生了改变的。）

迪伦：我有个问题，您可以问问大家。

（因为促进者说过，哲学问题可以问任何人，即使是没有读过这本书的人，比如，为什么人们抢东西等。）

促进者：是与这个主题相关的问题吗？

迪伦：是的，为什么坏人……是什么让坏人改变的？

促进者：这是一个概括了所有这些问题的问题。

莉迪娅：为什么他们给孤儿穿上红色的衣服？强盗都穿黑色的，但为什么他们给孩子们穿红色的衣服呢？

促进者：你觉得这很重要是吗？你觉得他们穿红色的衣服在故事里是有什么意义的对吗？

莉迪娅：不，没那么重要。

促进者：还有其他问题吗？

哈利：我想问"他们是好人还是坏人？"。

促进者：我觉得，这个问题跟什么让坏人改变这个问题是相关的。如果有人真的做了很可怕的事（我要说的就是坏事，对人们做的是坏事），他们改变了，又做了一些所谓的好事，那他们是好人还是坏人？

伊莎贝尔：是好人，因为他们改变了。

促进者：嗯，但是他们先做了坏事。

伊莎贝尔：他们已经认识到自己错了。

本杰明：有点好也有点坏，他们看到了自己的错误，但是他们也做了很坏的事情，他们抢了所有的钱。但最后他们把钱花在了别人身上，所以他们实际上做了好事也做了坏事。他们把抢来的钱用在了孤儿身上。

乔：你是不是觉得他们从一开始就知道，他们要去抢财宝，然后用在孩子身上，建一座城堡。

本杰明：不，书上说的是女孩问他们要用这些财宝做什么，他们说没有想过。你看他们没有想过这个问题。

促进者：这有什么区别吗？如果他们从一开始就想到抢东西去帮助孤儿，如果你从一开始就知道最后会发生什么情况，你对他们的看法会改变吗？

乔：他们可以把抢来的钱都花掉，但是他们用这些钱去帮助了别人。

雅各布：就像罗宾汉那样。

本杰明：劫富济贫。

莉比：那是什么让他们一开始偷东西的呢？

（促进者明确到目前为止的讨论，给没有提问的孩子们重复问题。）

促进者：如果你知道他们抢东西是为了帮助别人，你对他们抢劫的看法会有改变吗？

伊莎贝尔：他们真讨厌……因为从一开始就不该抢东西。

促进者：你觉得帮助别的孩子是对的吗？

伊莎贝尔：不……我知道这很奇怪，但是我觉得用自己的钱帮助别人才对，因为抢东西真让人难过。

萨姆：对啊，但是为什么他们变成了强盗呢，就是因为没有钱啊，要是有钱就不会去抢了。

本杰明：很多人抢东西是因为嫉妒，或者因为他们没有钱，或者很穷，或者根本没有吃的。

迪伦：就像以前在伦敦，没有钱的人就会去偷去抢。后来发现澳大利亚以后，就会把人送到那里去。

促进者：这其中有什么不同吗，为什么有人会偷东西？

本杰明：不管发生了什么，他们都不应该偷东西。也许应该对他们仁慈一点，给他们一份工作。即使他们没有钱，也没有权利闯进别人的房子。我妈妈的房子被偷过，电视、汽车都被砸了，贵重物品都被拿走了。他们没有权利那样做。

促进者：哈里，你怎么想？你觉得偷东西有什么理由吗？

哈里：嗯，我不确定，如果有地方住的话。

萨姆：如果你有钱，干吗还要去偷？

哈里：如果你有住处，你也有食物，有吃有喝，你还有一点存款，那就没有任何理由去偷东西。

促进者：好，我们现在先不说别的，假设他们没有钱，或者钱很少，或者一点都没有，需要的东西也买不起，那你们觉得公平吗？

哈里：他们可以找个汽车厂的工作或者火车司机之类的工作。

萨姆：他们不应该去偷。如果想要更多的钱，应该自己去赚。

迪伦：我们的父母都挣钱，他们可能是有一些不挣钱的父母，为什么他们不去工作呢？

本杰明：他们可以享受福利，如果没有钱的话……不过这不是最好的办法。但是他们应该得到福利。他们会生活得很开心，得到食物、水，然后去工作，这样就会有很多的钱了。

促进者：你认为一个人偷东西而不是做别的，是有原因的吗？他们为什么选择偷东西呢？

本杰明：偷东西比找工作容易啊。

伊莎贝尔：等一下，没那么容易吧。说不定会被抓进监狱。还是选择工作吧。

本杰明：你会得到更多的钱，更多的钱。

孩子们：我们宁愿工作，不想偷东西。

迪伦：有些人很坏，但也有一些人不喜欢工作，他们觉得偷东西是可以的，这样他们就不用工作了。

促进者：你们觉得他们有选择吗？每个人都有选择吗？

本杰明：故事里的他们有足够多的钱，抢的一个星期的钱就够买一座城堡了。

乔：我想他们是没有选择的。就像同伴压力。你知道在美国有时候就是这样的。像在布鲁克林，有帮派，他们喜欢让小孩来偷盗，然后等他们长大后，他们就一直这样做。同伴压力就是这样的。

促进者：乔说的是其他人可能有不同的选择，因为他们的背景给他们带来了压力。不管是他们的朋友，还是他们的家人。如果在我们讨论的时候，你的父母都因为偷窃而进了监狱，你的感觉会有所不同吗？

托比：会有所不同，因为那是你的父母，如果他们偷东西，你会很恼火。好比你在电视上看到的那样，人们被逮捕的时候，你就会想，天啊，真是个白痴啊！

本杰明：你的父母可能会以为偷东西是个好主意。

促进者：好的，所以你认为，本杰明……不，我要问你们其他人。想象一下，你们的父母不只是说偷东西很好，而是要教你们怎样偷东西。

托比：那真是太糟糕了。

促进者：我要把你培养成一个小偷——这是真实发生在一些孩子身上的事，他们的家庭就是那样的。不是所有的人，而是有些人。你认为你会有和现在一样的选择吗？我们来听听莉比的想法。

莉比：不，因为是他们让我这么做的。

促进者：好吧，那为什么你仅仅因为他们让你这么做，你就这么做呢？

劳伦：如果我的父母从现在开始告诉我要去偷东西，我是不会去的，因为那是犯法的，你会因此被捕。

促进者：劳伦说的是，你确实有选择的余地，你父母说你应该这样做的时候，你是有选择余地的，或者即使他们就用这种方式把你养大，那么你还是有选择的。

萨姆：如果我是那样长大的，我会听他们的，这样我能很好地生活。所以，如果我是真的真的很穷……比如，我住在大街上，那时候我可能会。

孩子：你说的是那种情况会让人去偷窃？

（哈利想要插句话。）

促进者：哈利，你说吧。我想听还没有发言的同学来说一说。

哈利：也许强盗真的很穷，也许他们过得真的不太好。也许他们很穷……他们没有一点钱。也许他们在学校学得不好。

促进者：你觉得那是去偷窃的动机吗？你在学校学得不好，所以最后你就去偷东西吗？

哈利：如果你在学校学习不好，然后你就找不到好工作，然后你就会很穷很穷。

促进者：所以，如果你找不到好工作，确实有一些人找不到好工作。找个好工作很难，贝丝，你怎么想？

贝丝：人们会偷窃，因为——像哈利说的——人不能偷东西……就像，如果他们想要成为医生，但是成不了医生……他们就会去偷，因为他们做不了别的。

（促进者特意让每个人都参与讨论。）

促进者：你有什么想法吗，勃朗特？

勃朗特：如果有人住在大街上，什么都没有，他们可以偷一点，人们也不会知道。

（促进者让孩子们探究如果有人偷了东西而受害者却不知道，这是否有什么不同。）

莉迪娅：如果有人患有严重的自闭症，或者其他什么病，因为他们的样子，他们可能没办法找到工作，或者如果他们找不到工作……就像电视上演的那样。他们可能因为长相而找不到工作……我想他们可能要去偷东西。他们也许不会偷钱，而是偷点别的东西。

迪伦：我想再回头说一下。我只是想如果我爸爸说他不擅长（我不是要批评他），但他真的不擅长读写……他有一份好工作，薪水也很好。我不同意莉迪娅的观点。莉迪娅说的很难做到，因为两个方面都有……有些人不把工作给别人……因为他们的长相……但是有些人认为比利（班上有自闭症的一个孩子）……我知道比利能找到工作的。

促进者：迪伦，你是认为总有一个选择的，是吗？

迪伦：是的，总是有选择的，因为如果我的父母提了什么不合理的要求，我是不会去做的。

促进者：你怎么知道你是做了选择，还是多年被说服的结果？

孩子：你没法知道。

促进者：是吗？

迪伦：你可以做决定，但那是很难的决定。

促进者：要知道我们是不是自己做了每个选择是很有趣的，比如，知道我们自己做了多少决定，以及有多少决定是多年来别人说服我们去做的。

伊莎贝尔：但是每个人的想法都不一样。有些人喜欢让你跟他想的一样。所以全世界所有人都会有不同的决定。

迪伦：什么问题都没有标准答案。

促进者：任何问题吗？

迪伦：不对，不包括1加1等于2。

哈里：迪伦说得不对，因为在读写和数学考试中，你必须给出正确的答案。

伊莎贝尔：等一下。开始的时候，他们只是要找出答案。确实不存在所有问题的一个答案。

哈利：是的，会有错误的答案。如果你最好的朋友说要去跳悬崖，如果你说去吧……那就是错的！

迪伦：如果你最好的朋友让你去跳悬崖，你不会去的。

促进者：如果你的小弟弟在海底会怎样，你会改变答案吗？

哈利：在海底，那是不可能的。

促进者：假设如果你觉得那是可能的，那是正确的答案吗？

哈利：你可以试试。

（教师尝试让大家都参与进来。）

促进者：在生活中我们可以选择想要做的事情吗？

托比：是的，我们可以选择想做的就去做。如果我们回头去看……如果朋友说要跳悬崖……有些人会说好的，因为他们是朋友，但有些人会说不，因为他们真的思考了这件事。

促进者：这样的话，为了做出选择，你必须先思考。

雅各布：如果有人对你说了什么，那只是他们的想法。你可以去做你要做的。

促进者：有可能选择去做一件你不想做的事情吗？

本：人们可以选择去做什么，没有人控制你。你可以去做你想做的，你有选择的自由。

促进者：所以，任何人都可以选择走到伊莎贝尔面前去打她的脸吗？

很多孩子：是的！

雅各布：这是错误的决定。

其他孩子：那是你的决定……只有你能说……如果你相信那是正确的做法。

促进者：那么，你们是说，如果有人走到伊莎贝尔那里打了她的脸，他就相信那是正确的……因为他认为她很不友好……这样是对的吗？

孩子们：对，那是你的看法……对一个人来说是对的。

促进者：只对一个人来说是对的？

孩子：只是一种想法。

促进者：有没有完全"对"的或者完全"错"的呢？莉比，你认为有绝对的对与错或好与坏吗？

莉比：我不知道，因为有时候你为了做对的事情不得不做错的事情。我说不清楚。

本杰明：比如，你的妈妈快要死了，你为了你的妈妈可能不得不杀掉另一个人。这样，你是在做错事，但是结果是好的。

迪伦：如果你跟许多人辩论，你要证明自己。如果他们故意刁难你，你就要保护自己。你要抵制批评。虽然这个时候离他们远远的是不对的，但这是正确的做法。

伊莎贝尔：如果不这样，你就不会快乐。

（孩子们的休息时间到了，这节课到此结束。）

《不！》探究活动

这是由玛丽亚·科尼什做促进者，带领诺福克郡阿克勒小学 11 名五年级的学生围绕戴维·麦克费尔（David McPhail）的《不！》（*No!*）开展的探究活动。

促进者先给孩子们读了这本图画书，然后让孩子们用几句话写写他们认为这本图画书是关于什么的。要求孩子们独立完成，不能相互交流。然后，促进者让孩子们两人一组进行讨论。

他们写下的评论有：

- 男孩写了一封信，很重要的信，在回家路上看到了战争。
- 好像是关于战争的，他写信给总统让他阻止战争。
- 是关于一个男孩的，他给总统写了一封信，讲在学校里学到的规则，他问总统是否也有规则。这个男孩站在信箱前，另一个男孩在支持他。
- 我认为故事里的男孩很怪，他想要知道是否存在不许做的东西（规则），因为他们在学校里是有规则的（关于战争的规则）。
- 他维护自己，维护他的国家。
- 很重要的信息，把坏事变成了好事。

- 他写了一封信给总统。

- 小男孩给总统写了一封信，他在路上看到很多坏事发生。然后他对欺凌行为说"不"，坏事就变成了好事。

- 故事是关于一个真的很想寄信的男孩的，他走到信箱那里，那里有一个很刻薄的男孩。这个男孩想寄信支持对的事情。这封信是关于规则的。

- 我觉得是关于一个男孩写信给总统，去讲他的规则和观点的。

- 写的是要用文字而不是暴力维护自己。

促进者：好的，谁来提第一个问题？我们要试着做的是提一些相关的问题。别人在提问的时候，我希望你们去思考这个问题是否与主题相关。希望我们用较少的尝试就能做到更多的思考。我觉得所有这些问题都是关于一个重要论题的。

本杰明：为什么他们伤害他们然后又帮助他们？

促进者：还有谁有相关的问题吗？

哈里：我的问题是一样的。

促进者：这也是你的问题吗？一模一样？

哈里：是的。

促进者：其他人呢？

贝萨妮：为什么信箱前的男孩对寄信的男孩那么刻薄？

促进者：这个问题跟上面的问题相关吗？

贝萨妮：是的，因为他真的很刻薄，然后他又帮男孩找回了帽子，还把自行车借给他骑。

促进者：是怎么关联的？

贝萨妮：所有其他人都对他们很刻薄，然后又帮助他们。

促进者：还有人的问题是关于刻薄和帮助的吗？

本：他维护自己，就是维护自己的国家。

促进者：好的，把你说的归结为一个问题。

本：为什么男孩维护他的国家？

促进者：很好，这是与刚才那个问题相关的问题还是关于另外一个主题的？

本：另外一个主题。

促进者：实际情况是，如果你问的是前面的问题……你已经有了一个理论、一个观点……但是，如果你问的是后面这个问题，我们大家就可以一起讨论观点，所以以陈述的形式来表达不如用问题的形式来表达，这样我们就可以都来讨论这个问题。

促进者：（一边写下这个问题，一边问）你最初说的是，为了他自己，也是为了他的国家。

本：因为一旦他挺身而出，所有那些攻击他国家的人都转而来帮助他国家的人。

促进者：这很有意思，是不是？对，来考虑一下这可能是关于什么主题的。这个问题背后是什么？用什么词……还有谁有与这两个问题相关的问题吗？为什么他们伤害他们，又帮助他们，或者为什么他要维护自己？

莉迪娅：为什么他出发的时候，他们是坏的，等他回来的时候，他们都变成好的了？

促进者：你的问题和刚才的相关吗？

莉迪娅：当然。

促进者：本，你能说一个问题吗，想一下你的问题能不能和莉迪娅的问题相关联？

本：好的。因为当他大喊"不"的时候，那就影响到战争中来自其他国家的人……他们来自德国，而男孩是英国人，只要他说了"不"来阻止，他们都会停止。他说"不"，也就是说停下来。

促进者：好，这么说就是，这不是关于同样的事情的，但它们是有关联的……就好比原因与结果。

促进者：还有谁有相关的……（没有人回答）那么，其他人有不同的问题吗？

迪伦：我有个完全不同的问题。是关于故事的，而不是……为什么作者没有在故事里写一个字？

促进者：你认为这是个哲学问题吗……问题背后有什么……或者你是否认为这是个书写问题……关于人们写书的问题……或者别的？

迪伦：我觉得都有。这是个哲学问题，因为这是关于故事里没有字是好还是坏的，也是个书写问题，因为这就是关于书写的。

促进者：你问的这个问题对你们来说挺难的，因为我们还没有学过如何处理书的结构与书的内容，以及二者的重叠。

促进者：谢谢，其他人还有问题吗？

（伊莎贝尔有些犹豫，贝丝鼓励她发言。）

促进者：伊莎贝尔，贝丝很想听听你的想法。

伊莎贝尔：我没有想好。我想说的是"为什么他要写信呢？"。

促进者：为什么你觉得这个问题不好？

本：因为太明显了，他的父亲在战场上，所以他才写信的。

莉迪娅：不是这样的。

本杰明：他是在给总统写信。

莉迪娅：我不认为这很明显。

促进者：我先给你们看一下故事里的两封信吧。

本杰明：一封写着"亲爱的罗杰"，另一封写着"亲爱的总统"。

促进者：第一封写的是"亲爱的总统"。

促进者讲解书里的图画。

促进者：后面一封信告诉了我们他最初写了些什么。作者在故事结尾才向我们展示信的内容。

本杰明：我有点想不明白。为什么他要问总统有没有规则呢？这肯定是和很多方面都有关系的。你不能只问总统"您有规则吗？"，这肯定跟他的爸爸或者什么有关系。

劳伦：为什么他要去问这些呢？

伊莎贝尔：是啊，为什么他要写这封信，因为没有人会写信去说学校是有规则的，不能打人，不能推人……没有人真的会这样做。

（大多数孩子都很好奇那封信。）

促进者：很明显，这个问题对你们来说很迫切……为什么他要写这封信呢？这封信的重点是什么呢？

本杰明：或许总统挑起了战争，或许他想问问为什么要发起战争……不要推人……不要打人……不要杀戮……不要开枪。或许总统宣布战争是要攻打孩子的国家，他不开心，换个说法，他要问的是："为什么您要发起战争，为什么您要开枪，为什么您要杀戮？"

促进者：我们来看看本杰明的说法，来看看这个男孩是不是写信问总统发起战争的事情。为什么这个男孩要写这封信？

伊莎贝尔：是要告诉总统学校里都规定不能打人、不能推人，所以他认为人们在学校之外也不应该做这些。

促进者：本杰明，你是怎么想的？我们先来听听你的想法。

本杰明：我知道了。这个男孩总的来说说的是"为什么您要发起战争？"，我们都不会打斗，我们不能相互伤害，他是说为什么你们要相互伤害，为什么这么不友善。

促进者：好，谢谢你——记住这个想法，我们一会儿再讨论。现在，在座的每个人都有机会提出自己的问题。哈里，你有问题吗？

哈里：是的，我刚才说过了。

乔：我也说过了。

促进者：你们还有没有要补充的？

乔：没有，我说完了。

促进者：哈利，你呢？

哈利：我的问题是，戴绿色帽子的男孩是谁……我是说会不会是……不对，不会是他的哥哥……我是说那个男孩正好有那样的帽子。

本杰明：或许只是一个正好走在路上的男孩而已。

促进者：你觉得是谁，哈利？

哈利：我不知道……应该是某个人……一个穷人……戴红帽子的男孩说"不"，使得戴绿帽子的男孩退缩了。

劳伦：他被吓住了。

伊莎贝尔：我觉得他是嫉妒。他嫉妒别人比他小但是比他力气大。

促进者已经形成了探究的路线。

本杰明：我认为只是学校的某个人。他就像学校里的大个子欺凌者，看到有比自己矮小的人，就欺负人家。

乔：我想，当男孩说学校里没有打架的时候，我想是有的。

本杰明：我说的是这个故事。

乔：因为即使一个学校里的人很友好，里面也总会有一些会欺负别人的人。

本杰明：是的，我知道有很多，我在说这个故事。

乔：好的，我以为你说的是学校。

促进者：那么，关于学校里的规则，这个故事是怎么说的？因为每个学校都有规则。

伊莎贝尔：可并不是很多人都遵守规则。

促进者：我们回来看乔的问题……所有学校都是有规则的。你也会遇到欺凌行为。那么你是否认为在我们国家或者就在诺福克郡，有学校认为欺凌是可以的？

乔：在这里吗？

促进者：任何地方。

乔：我不知道，因为你不能说你不能欺负别人，在校外不能这么说，因为在校外你没有规则。

促进者：校外没有规则吗？

孩子：有啊，有法律。

乔：对，有法律，可是欺凌好像不是关于法律的……应该是吧。

本杰明：总统不会说"10岁的孩子去欺负5岁的孩子是不合法的"，没有这样的规定。

迪伦：他应该么说，他能这么说。

此处，促进者抓住这个观点让孩子们来考虑成人与孩子责任的不同。

本杰明：有人可能真的很穷，他们生气了，然后对其他人不好。他们会被逮捕的。我觉得这真的很不公平。或许应该有个规则告诉他们不应该做这些，但是我觉得不应该是法律。

伊莎贝尔：你可以把这件事与学校联系起来，就像考虑法律一样，你可以想想学校里的规则……学校里有欺凌现象，因为没人真的像他们以为的那样遵守"黄金法则"。如果有法律，有些人会遵守……有些人不会遵守。这样的事情总是会发生的。

迪伦：法律中有些特定的规则，比如不能超速之类，人们事实上不会遵守。

伊莎贝尔：是的，人们会超速。

迪伦：我不是要陷害我爸爸或者什么，但他有时候确实会超速。

伊莎贝尔：我觉得每个人都会这么做的，迪伦。

迪伦：是的，每个人……我不是说每个人必须，但人们在生活中都会超速。

哈里：我妈妈有辆车，有时候她开到每小时65千米，并不是每小时160千米。

伊莎贝尔：你得看看速度，因为可以跑得更快。

促进者：我们是在说，对于有些规则可以……

迪伦：少遵守一些。

促进者：比其他规则少遵守一些。

促进者在这里发现，孩子们认为有些规则是可以打破的。不过促进者决定把这点记在心里留待以后探究。

乔：我能回到迪伦发言之前吗，回到我说的那里？

促进者：可以。

乔：我想，如果欺凌……你知道杀人是跟法律有关的，在学校里没有人会真的杀人。所以，我想，如果他们把欺凌作为一项法律，那就跟杀人那样，就没有人再欺凌别人了。

促进者：所以，乔你是说，如果这是整个国家的法律，而不只是校规，那就不会发生欺凌问题了？你是说孩子们在学校里不杀人是因为有法律的限制，而没有法律规定不能欺凌别人，所以这就是人们会欺凌别人的原因？

乔：是的。

本杰明：如果有一条反对欺凌的法律，孩子们或许会想到另外一种伤害别人的方法。

促进者：你是怎么想的呢，哈里？

哈里：对于迪伦的观点，像超速以及违反法律之类的，是的——那要看车是什么样的，我妈妈的车很小，所以开到每小时65千米的时候，就像开到每小时110千米那样了。

促进者：那你的观点是什么？

哈里：那要看车的动力有多大。

促进者：哦，有什么区别吗？比如说，警察走过来，你对警察说："哦，我没意识到我超速了。"这样有什么区别吗？

迪伦：有的，真的不一样。我认为这是不一样的。比如，你把车开进检车厂，他们说一切运转良好，通过了检查，但没有注意到它有点问题，你按照你以为的限速行驶，开得更快一点。然后你被警察拦了下来，他发现你的仪表盘坏了。我只能说"是检车厂让我开走的"。

促进者：那是很特殊的情况。我们假设有两个司机在路上行驶，其中一个是因为他觉得超速没问题，他知道什么是违法，限速是多少，但他着急赶路，他认为即使超速是违法的，也没关系。很多人都会这样做。他知道自己超速了但还是这样做了，然后导致发生了交通事故。同样的情况下，另一个人不是故意超速，这是一辆新车，他没意识到自己超速了，也造成了交通事故。这两个人应该得到同样的处罚吗？

孩子们：应该／不应该！

伊莎贝尔：应该，他们都造成了伤害。

劳伦：不应该，因为第二个人不知道啊。

迪伦：应该，因为他可以说我没有意识到。任何人都可以这么说。

促进者：你要改变想法吗？

迪伦：是，因为这很像是在学校里。你伤害了别人后，你可以说我没有意识到我伤害了他们。

本杰明：我觉得因为超速违反法律也还好，只要不是很严重。如果你儿子被别人打伤了，你急着去医院，就会超速。

促进者：这样的话……如果你儿子受伤很严重，你超速开车到医院，结果撞倒了另一个人。

本杰明：是啊，那就是我的错了……这就要看我律师的水平如何了。

乔：你仍然是触犯了法律。警察可不关心这些。

促进者：他们应该关心吗？

乔：他们还是要罚款，把你交给法庭。

促进者：他们应该关心吗，他们应该区别对待吗？

本杰明：可是如果你只有4分钟可活，但你却到不了医院，那怎么办？

乔：他们不会关心的。

促进者：本杰明说有时候触犯法律也没什么。有这样的情形吗？

本：如果你的儿子腿断了，你着急开车去医院，可以违反法律，在这种情况下，你不会在意是否超速的。

促进者：你不会关心限速问题的，本，你说的绝对是对的，就是在你如此难过的情况下，你不会关心限速问题。但是，超速是没问题的吗？

本：如果你的儿子和女儿有危险，你爱他们，你就会做任何事。

促进者：我知道你会做任何事，但这样做是对的吗？

伊莎贝尔：不，那是不对的，我知道这听起来很奇怪，但那样做是不对的，因为别人可能不会超速送孩子去医院，那你为什么要这么做？而且你可以叫救护车，要是你超速违规被拦下来，那时间可就更长了。

促进者：所以你是说，这样做反而会花更长的时间。你说了一些别的有意思的事，并非所有人都会超速违规把受伤的儿子送到医院，为什么这么说呢？如果别人也这样做，会有什么不同？

贝丝：我认为你应该那么做，因为你的儿子或女儿都快死了，你肯定更想救他们，而不是担心超速问题。

哈利：我非常不同意，因为，实际上，如果你的儿子或女儿有了麻烦，如果你跳悬崖能救他们，那可能是错的事。

促进者：为什么这么说，哈利？

哈利：因为这就像要牺牲自己。要是你死了，而你的女儿或者你的丈夫仍然活着，谁来照顾他们呢？

乔：你是说，就像要杀人来救躺在医院的那个人吗？就是说，违反法律去救他们。这基本上是说的同一件事情。不管法律怎么样，那也是同样的法律。触犯法律超速行驶，跟触犯法律杀人是一样的。

促进者：你是在说，为了保护某个人而做什么，但不应该违反法律，因为这和……一样坏，我不是特别理解。

乔：是的，就是这样。

（促进者没有理解乔所说的，让他来明确自己的观点……他说的是关于法律同等效力的观点，这是很有意思的概念，可以继续探究。）

哈利：你不应该触犯法律，因为你会被捕的。

促进者：还有其他不能违反法律的理由吗？

哈利：有一个原因，为什么你需要超速。你的妈妈在医院，你必须开车去看她，所以会超速。

促进者：好的，我们继续再讨论，要不然我们就是在循环说一个问题，有些人说违反法律也没事，比如，在一些紧急的情况下。有些人说不可以，因为违反法律是不行的。你们能决定自己站在哪一方吗？请做出你的选择。

促进者让孩子进行选择，如果他们赞同在特殊情况下可以违反法律，就站起来，如果不赞同就坐着。

本杰明：我决定不了，这要看是什么法律。

乔：我做不了决定。

促进者：不，你们可以的。这不是最终的决定，就是你们对这些说法的直觉反应。

（本杰明和乔都站了起来。）

本：两方面我都支持。如果毫无理由地违反法律，那是不对的，必须处罚。但是，如果在一个紧急情况下，你超速了……是可以的。

促进者：好的，一般情况下都要遵守法律，为什么超速……如果你们都认为有可以违反法律的特殊情况，为什么我们的系统中没有这条规定呢？

本杰明：要是加到法律里，人可能会死掉。

促进者：那么你看加上这样一条法律会不会好一点：不能超速！或者一系列不同的法律，规定什么情况下可以超速，因为这个原因，发生了那个……

伊莎贝尔：如果有不同的法律，你就是在让所有人都超速，并且给他们找好了借口。这样可能会导致人的死亡，那就需要很多警察去处理。

促进者：是啊，这真的很复杂，你不得不想一想会发生什么。

促进者：你们认为有没有绝对不能违反的法律？

促进者接下来让孩子们写一个他们认为在任何情况下都绝对不能违反的规则或者法律条文。

他们写的有：

- 不能杀害野生动物。
- 不要恐怖主义。
- 不能杀害任何人。

- 不能炸毁宇宙。
- 不能炸毁世界。
- 老师不应该拿走学生的任何东西。

促进者向孩子解释，他们接下来要分组讨论每条规则并决定每条规则是应该写进规则手册，还是扔进垃圾桶（少数服从多数）。

促进者：好的，我们来听听你们的想法。记住，一旦你分享了你的观点，它就是我们大家的了。如果这个想法被扔进垃圾桶，不是说把你扔进垃圾桶，而是那个观点，不要生气啊。你也可以在我们进行的过程中调整自己的观点。如果你想把自己的想法加到规则手册中，那么你就要为它进行辩护。你可以决定不采用你最初的观点，因为它经不起推敲，这也很好。这就是我们讨论的目的，跟大家一起来检验我们提出的观点。最后我们可能会把所有观点都加入规则手册中，也可能一条都不要，这取决于大家。

本杰明：我说的是不能炸毁宇宙。

迪伦：为什么这么说？

本杰明：因为如果你炸毁宇宙，宇宙中所有的东西都会死掉。

促进者：有没有一种情况，炸毁了宇宙也没关系？

乔：有。你知道你快要死了，所有人都快要死了，这时候怎么样？你有一个选择，是炸毁宇宙还是让外星人把你杀掉。

促进者：所以，乔是说可能有一种情况，最好炸毁地球以及宇宙中所有的星球，而不是选择另外一种死法，为什么这样会更好呢？

乔：因为如果外星人来杀你，他们就会占领宇宙，接管咱们的星球。

伊莎贝尔：你不会想让外星人杀掉自己星球上的人的，那为什么不让这一切同时消失呢？就这样做吧。

促进者：伊莎贝尔说的是最好是一起毁灭，避免另一种死法。

迪伦：你会告诉人们吗？你会告诉人们你要去炸毁宇宙吗？

（就这个问题，大家进行了一些讨论。最后没有确定的结论，所以这条被放进了垃圾桶。）

哈里：老师不应该拿走学生的任何东西。

乔：你的车要进行性能检测。

促进者：有人知道我们为什么要对车进行性能检测吗？

迪伦：美国的车就不用。

本杰明：有人没有足够的钱，比如百万英镑……

促进者：不是的。

本杰明：假如说是吧。

促进者：那么，如果你的车没有进行性能检车，还能开吗？可不可以证明说即使你的车不安全也是可以开的？

本杰明：如果你撞了一辆车，车被撞坏了。你不会从中吸取教训，因为你会得到补偿。

（孩子们投票表决，这个规则被收入了规则手册。）

《岛》探究活动

这是由玛丽亚·科尼什做促进者，带领诺福克郡阿克勒小学 15 名五年级的孩子开展的探究活动。

促进者首先为孩子们读了阿明·格里德的《岛》，然后让孩子们以两人一组的形式进行提问。

促进者：谁来说第一个问题。

本杰明：为什么他们说这个男人"不是他们的同类"？

促进者：还有别人有这个问题吗？

迪伦：为什么他们不喜欢他？

促进者：你觉得这两个问题是相关的，为什么你认为这两个问题是有关系的呢？

迪伦：那些人不喜欢这个男人，因为他与众不同。

勃朗特：他们为什么要对他区别对待？

促进者：你也觉得这是相关的……为什么？

勃朗特：是相关的，因为如果他们不喜欢他，就会对他区别对待……或者之类的。

贝丝：那为什么他们又帮了他呢？

促进者：谁？那个渔夫吗？这是与前面的问题相关的问题还是关于其他主题的？

本杰明：对，是相关的。

贝丝：对，因为他与众不同，如果他跟其他人是一类人，他们或许就不用帮他了，因为他就会知道该怎样照顾自己。

促进者：那么，刚才这几个问题都是关于什么的？如果你必须选择一个主题来总结这几个问题，你会怎么说？

（促进者让孩子们仔细思考几个问题。）

几个孩子：陌生人，人们不喜欢不一样的人，"什么是友善？"。

促进者：有人说这是关于差异的。这是关于人们会有喜欢和不喜欢的、帮助与不帮助的。人们会因为你的不同而喜欢你或不喜欢你。这是关于差异与人的行为的。有关差异这个主题，还有人有问题吗，人们应该怎样应对差异这一问题？

伊莎贝尔：为什么他们要让这个男人离开？

促进者：你是觉得那是他们对待差异的方法？

伊莎贝尔：是的。

莉比：为什么村民们收留了那个人，又要把他送走？

促进者：你是觉得那是对待差异的方法，还是说这是另一个问题？

莉比：都有一点。

促进者：这个问题有什么不同？

莉比：那是不一样的，因为他们收留他，又把他送走了。

促进者：也就是说，这其中有改变，还没有人提到改变。别人问的是为什么他做了特别的事，你问的是为什么他们改变了主意。所以，这个问题是关于什么的？我想至少是有关差异的，而不是别的什么。

迪伦：那不是有点像朋友吗？你是某人的朋友，与他做了一周的朋友，然后你退出了，把他推走（不是真的推而是……），然后你又不是他的朋友了。

促进者：你觉得这之间的联系是怎样的？

莉迪娅：村民们让男人进来（比如说"看，这是我的一个新朋友"），然后他们又把他送走了，在……不是几周，是好像一年之后吧。

促进者：那么，为什么……莉比，你试着回答一下你自己的问题。为什么村民们收留了他，又把他送走了？

莉比：他们收留他，因为他实在没地方可去……但我真的不知道他们为什么让他走。

萨姆：把他送回去是因为他什么活儿也做不好，在这个村子里他什么都做不了。

本杰明：对，但是如果他们是他的朋友的话，为什么没人喜欢他呢？他们说，"天啊，他直接用手吃东西……"

伊莎贝尔：只有渔夫喜欢他。

（故事中的渔夫说服村民收留了这个陌生人。）

促进者：我想这个问题中还是有差异在的，因为他们的主意改变了。

迪伦：一开始的时候，每个人都同意渔夫的观点，后来慢慢地，他们就改变了，不再同意他的观点了。

勃朗特：也许，他们只是觉得没有地方给他住，他们不知道这个人是谁，他们以为他可能做过什么事。他可能做了坏事，可能杀过人，还可能砸了餐馆、商店之类的。

乔：我认为村民不想收留他，不是因为他们害怕可能会被他杀了，而是他可能会永远留在这儿，留在他们的生活中。他被困在角落里，村民总是能看到他,而他们并不希望每天都见到他。

(促进者请大家思考如何回应乔的问题,想想"为什么"。)

促进者:村民们把他送走的主要原因是什么?有没有一种情感在促动他们?

萨姆:害怕。他们害怕,因为当他们谈论这件事的时候,他们开始有点害怕他了。他们的恐惧会变成噩梦。

促进者:大家同意这种说法吗,还有其他想法吗?

本杰明:对,是恐惧……对孩子来说,他们害怕是因为故事中的妈妈说:"如果你不喝掉你的汤,那个人就会吃掉你。"

促进者:这种恐惧有根据吗?他做了什么让人恐惧的事吗?

托比:当他来到村子的时候,好像……吓唬过孩子和妈妈。

促进者:为了什么?

托比:谁都不知道他会来。没有任何提前预警,他就来了。

伊莎贝尔:他行为古怪。

促进者:那么,如果你一个人走进一个村子,还要提前预警,你会吓到人们吗?

托比:那要看你长什么样子。

促进者:这个人长什么样子?

本杰明:是的,但是如果人们看到长得有点不一样的人,就会跑掉,"啊,快离开这!"。

伊莎贝尔:这本书中说他是法国人还是什么。

萨姆:外国人。

促进者:所以说他是外国人。为什么这会让别人害怕呢?

伊莎贝尔：因为他来自不同的国家。

乔：我猜他们不知道他是从哪里来的。他们害怕是因为不了解他。

迪伦：好比班里来了一个新的助教老师，他就在我们班上……我不知道那是什么，但我不害怕去问他问题……不恐惧……我不知道那是什么。

促进者：有谁能帮迪伦想一下吗？

迪伦：那是担心，因为你不知道他是什么样的。她没准很严厉，或者真的很友善。

伊莎贝尔：你不知道，你找不到线索去弄清他们住在哪里或者其他什么。如果一个外国人走过来，你会有点担心，不知道他是否友好。

（促进者区分了差异和恐惧等不同的主题，然后问孩子是否还有其他问题。她希望在进一步探究之前，能听到每个人的问题。）

托比：他来自哪里？

促进者：好的，托比，我们来探究这个问题。我们之间相互都很了解，你知道我认为你很聪明，我希望别人也明白，他们读这本书的时候，他们可以看到不同类型问题的差异。所以，我想来说一说，谈到哲学，我会对你这个问题产生疑问，你觉得是为什么呢？

贝丝：因为你没有真的在谈论这个问题。你说的都是不同的地方，比如……他来自法国，他来自德国。

本杰明：那是没有答案的。

莉迪娅：那就像你永远解不开的谜。最好还是问一些关于人的性格的问题。

迪伦：但是那个人是一个角色。

萨姆：你是在猜答案，而不是在谈论事情发生的原因。

（促进者对问题的性质做了判断。她确信孩子们不只是能简单地问问"哪个国家"，也可以进行拓展探究。她还确信，因为曾与被质疑的孩子一起进行了两年的哲学探究活动，这个孩子不会因为自己的问题成为大家讨论的话题而感到不安。）

促进者：还有其他问题吗？

伊莎贝尔：为什么村民把他放到羊圈里？

促进者：你自己能试着回答一下吗？

伊莎贝尔：因为他们不喜欢他，因为他不像别人那样。

促进者：你这个问题跟刚才咱们讨论的主题有关吗？

伊莎贝尔：是的，有关，就是因为他的不同，人们才用特别的方式对待他。

莉比：为什么仅仅以为他是外国人，其他人就不喜欢他？

促进者：这个问题很有趣，莉比。因为你在这个问题中加了一个假设，你已经假设他们不喜欢他就是因为他是外国人了。

促进者：好，现在还有谁来说一说？

哈里：为什么他们筑起了高墙把岛围起来？

促进者：与刚才的主题相关吗？

哈里：我也不确定。

促进者：谁能帮忙说一说？

贝丝：我觉得这是另一个问题，因为他们并不是因为他的差异而去筑墙。那是因为他们不想别人发现这个岛才修筑了高墙。

促进者：好……这件事对那个男人来说有什么影响吗？

很多孩子：没有，并没有。

迪伦：但也许会出现这种情况，因为他们以为没有人能找到这个岛，然后那个男人来了，他们发现会有人知道这里有个岛，于是应该建造高墙。可是，为什么要建这样的高墙呢，因为这样会让岛更明显，更容易被发现。

本杰明：是啊，要是有人划船经过，远远地看到那么巨大、那么雄伟的墙，可能会说"我要去看看"。

促进者：我们来看看他们筑墙的动机吧。

莉迪娅：这个男人还可能会回来，他离开之后可能会告诉别人，并说道："你们能去打仗或者什么吗？"

乔：这个高墙就是为了防止这样的人的。

托比：如果打起仗来，高墙能保护他们。

本：为什么陌生人先造了木筏？

乔：在另外一个岛上发生了同样的事。

伊莎贝尔：我觉得他是在度假。

本杰明：他可能在旅行中遭遇了暴风雨。

萨姆：也可能他在海边玩，结果被海水带走停不下来了。

（促进者明确说明这个人是被"命运和洋流""冲到岸边"的，因此并不是有意来到岛上的。）

本杰明：坐着木筏，你无法决定去哪里。我想他就是在岸边玩，结果被海水冲走了。

萨姆：他也许只是想去别的岛。

本杰明：他可能很穷。

勃朗特：他也许就是想"我不在乎，我要去死"，他也许住在丛林里，找不到很好的船，只能弄个木筏。

促进者：还有问题吗？

哈利：为什么村民把他送走之后，把渔夫的船烧掉了？

乔：因为这是渔夫犯的错，是他让整个岛面临这种状况。

莉迪娅：可是渔夫只是想要表现得友好一些。

迪伦：但是乔，如果他们以为那是渔夫的错，他们不喜欢那个人，为什么不烧掉那个人的木筏呢？

乔：我知道，但是为什么他们并没有对那个人做什么？

萨姆：如果他们烧掉那个人的船，他就不能离开这里了，不是吗？

促进者：渔夫用船做什么？

大部分孩子：打鱼。

促进者：为什么他要打鱼？

本杰明：为了找吃的。

托比：养育这个岛。

勃朗特：挣钱，谋生。

迪伦：他们不想出海打鱼，把那个人引到岛上来。

哈里：但是他们要生存。如果你解雇某个人，烧了他的船，谁给你食物，你怎么维持生活？

促进者：那么，他们烧掉渔夫的船是为了什么？接下来我们讨论这个话题。

伊莎贝尔：因为愤怒。

托比：保护。

促进者：如何保护？渔夫会做什么？他哪里都没去。

本杰明：害怕，因为他可能会带那个男人回来。

乔：我认为是"财富"，因为他们烧掉了船，渔夫又不能再造一艘，也就不能挣钱了。

促进者：为什么他们要这样做？

乔：他们夺走了渔夫所有的一切，渔夫因为自己的所作所为失去了所有的钱。

促进者：当你们做那样的事时，称作什么？

迪伦：分歧。

（促进者谈到了惩罚。促进者重述了一下问题，并试图通过提问让孩子们脱离书本，找出问题背后的关键。这是可能的，因为到目前为止，已经有很多孩子开始谈论这些问题背后的想法了。）

促进者：首先这些问题都是关于什么的？这些问题都是关于这本书的内容的。如果你要问一个没有看过这本书的人一个问题，你会问什么？

乔：为什么人会区别对待人？

本杰明：为什么人会以貌取人？

莉迪娅：为什么人会对人有成见？

促进者：还有什么问题？

莉迪娅：为什么人会去不同的国家？

促进者：好，那关于筑墙的问题呢？

伊莎贝尔：为什么人们会筑墙？

本：为什么人们需要隐私？

乔：或者防卫。

托比：有了墙更想去看看这个岛。

促进者：是的，我想这是他们计划的一个缺陷。看看我们的学校，周围都有篱笆。

勃朗特：把人挡在外面。

本：把我们关在里面。

伊莎贝尔：是的，这就是说"这是我的地盘"。

贝丝：为什么人会拒绝别人？

莉比：为什么人们会对另一个人感到愤怒？

莉迪娅：为什么，如果你和一个人吵架了，你难道不会生气以至去破坏他的东西吗？

本杰明：那不只是他的错，是所有人的错。如果他们不想让他待在那里，只要把他用船送走就行了。

（然后，促进者让孩子通过投票选择一个主要问题进行讨论，如果他们有想法要表达，就举手示意，没有可说的就不用举手。他们投票选出的问题是：为什么渔夫因为帮助那个男人反而受到了惩罚？）

哈利：我认为渔夫慷慨帮助那个人是好的，但却没得到好报。

促进者：那么，你怎么看待这件事？

哈利：我觉得，比如，你做了好事却没得到好报……通常并不会出现这种情况的。如果他说，"不，我们不想让你在这儿！快走开！"每个人仍会生活下去。但是由于他曾经做的，其实他们已经有了改变。

萨姆：渔夫帮了人，但是他帮了一个错误的人……嗯，好吧，对别人来说，他是个错误的人。

促进者：你觉得可能会有帮助错误的人这样的事情吗？

萨姆：对那些人来说是可能的，因为他们不喜欢那个男人。那个男人就是错误的人。

促进者：我们想想自己的情况，你觉得会怎么样？

本杰明：这就好比是这样的，一个外国人随意来到你家说："我能住在这里吗？"你回答："当然，可以，为什么不呢？"然后他破坏了所有的东西，这个人很粗鲁，他用手吃饭。这时候，那个允许这个人留下来的人就该受到惩罚。

促进者：好的，书中的故事是这种情况吗？他很粗鲁之类的吗？

伊莎贝尔：他不粗鲁。

本杰明：他就是与其他所有人都不一样。没人跟他一样。所以，别人都认为他是粗鲁的。

莉迪娅：但是，每个人本来就都不一样啊。没有谁是一样的。比如，咱们这里的人，每个人都是独一无二的。

迪伦：我跟大部分人都不一样。

莉迪娅：是的，迪伦喜欢披头士，而勃朗特喜欢艺术。

迪伦：但我没有被很坏地对待。人们也没有走进我家然后毁了我的东西。

莉迪娅：这就像有人来到咱们学校。（她提到学校新来的一个孩子。）他一开始并没有受到不好的对待，他也不是被原来的学校开除才来的……后来，我们说，"我们也开除他！"

伊莎贝尔：对，不能对别人那么坏，因为有些人会喜欢他。

促进者：好。大家觉得村民们这样对待陌生人是对的吗？

本杰明：他们做的有些事是好的，比如给他吃的。他很穷，必须找个工作，但是后来他去到城镇后就挨打了，大家都很恐慌。没有一个人说"他可以和我待在一起！"，他们把这个一无所有的人逼得无路可走。

莉比：在这本书的开头，他好像感到很困惑。他不知道他在做什么。

促进者：那你觉得渔夫的做法正确吗？

托比：是的，因为你不能走向一个人（因为他是个外来人），你不能走向一个人，然后说："走开，你不能进到这里！"

促进者：但你认为人们是那样做的吗？

莉迪娅：是的，就像你去希腊，他们不喜欢你，因为那里正处于战争中。他们不喜欢你去阿拉伯那样的国家。

本杰明：这就像在公园里规定说"不许带狗进入"，在一个国家，规定"不许法国人进入""不许德国人进入"。

乔：那是种族主义。

伊莎贝尔：有时候人们会嫉妒别人。这就是他们很可怕的原因。

（促进者告诉孩子们说，尽管人们进入一个国家会受到各种限制，但也有法律规定，可以根据他们来自哪里，对他们进行不同的对待。）

乔：是的，那是违法的。种族主义是违法的。

乔：你知道，托比说什么吗，他说，你怎么不说"不，你不能进入我们国家"，你以为种族主义是什么呢，人们就是这么做的。

促进者：好，解释一下，乔，什么是种族主义。

乔：嗯，比如一个人来自……

伊莎贝尔：英国。

乔：非洲吧，我们说某个来自非洲的人来到我们学校。然后有些人就会说些什么。那就是种族主义，就像校园欺凌那样。

促进者：因为什么会有欺凌？

乔：就因为外表，因为他们的国家。

本杰明：如果你去到一个学校，那里的同学跟你的肤色不同，他们也会区别对待你。那就是种族主义。所以，别人都得到冰激凌的时候，你得到的可能是……我不知道……一颗豌豆！

（促进者进行总结并说道，我们知道存在种族主义，乔说种族主义是本书的一个主题。然后继续问人们为什么会有种族主义的行为。）

促进者：有人会这样，但有人不会这样。有人就不在意你是来自哪个国家的。

（促进者给孩子们分享了自己去另一个国家旅行的个人体验，那里的人们会帮助他们不认识的来自其他国家的陌生人。）

乔：我猜有些国家，比如说一个具体的地方，像阿富汗，你到了那里，你走在街上，就会受到种族歧视的。

托比：我们正在跟他们交战。

萨姆：他们会害怕的。

托比：他们看到你，就会跑到街道的另一边，远离你。

伊莎贝尔：他们或许以为你是间谍。

促进者：好的，种族歧视在哪里都会发生。不止是在英国，到处都有种族歧视。我想知道的是，是什么让人们产生种族歧视，不只是因为一点点紧张吧，因为我们面对不认识的人都会有些紧张，而且还因此表现得咄咄逼人。

莉比：可能是因为嫉妒他们所拥有的东西，或者因为他们长得很漂亮。

乔：真的，我觉得那取决于你生活的国家。

促进者：那是什么意思？

乔：如果是发生战争或者什么，比如第二次世界大战中的我们，如果我们去德国，他们就不会对我们很友好。

促进者：为什么？

托比：因为仇恨。再想想乔所说的战争，你会恨他们。

促进者：还有其他原因吗？

萨姆：我不明白为什么人们会这样。

莉迪娅：他们可能觉得有些人是来改变他们的生活方式的。我觉得事实不是这样，但他们可能会认为是这样。

伊莎贝尔：他们可能是不假思索就说的，但是他们不知道那会让来自不同国家的人感到不安。

托比：这就像如果你说了另一个国家的某个人的某件事会造成种族歧视。就像如果你来自英国，你说阿富汗人的坏话，就会造成种族歧视。

（促进者要求每个人就此话题补充一些他们认为还没说过的内容。）

贝丝：他们可能对一些人来说很可怕，由于那些人不理解他们的风俗习惯。

勃朗特：因为他们有不同的爱好。如果有人喜欢游泳，有人喜欢足球，他们可能会相互找碴。

（促进者总结孩子们提到的关于存在种族歧视的原因，然后让他们对这本书做出评价。）

促进者：你们如何看待这本书？

托比：我认为这本书写得很严肃，有点像现实生活，但是你能得到很多东西，书中有很多很酷的图片。

萨姆：用"不那么严肃"的文字写了一个严肃的故事。

本杰明：非常棒的一本书，但是我觉得过于严肃了。不是那种"嘿，这真是本有趣的书"，不过很有意思。

乔：对老师来说是本好书，因为你可以读出很多书之外的东西，很多哲学问题，因为这本书的主题很好。

哈利：我本以为这是一本篇幅很长的关于战争的书，没想到里面有图片，我喜欢这些图片。

（促进者提醒孩子们不用被迫喜欢这本书。）

莉比：我喜欢这本书，因为读这本书的时候，你的大脑中充满了想问的问题。

勃朗特：我认为这是本可怕的书，或许是因为太严肃了，可能真的会发生这样的事。

伊莎贝尔：我喜欢这本书，因为你可以读出很多东西，你可以提出很多很多问题，这是好事，这样的话你会不断产生新的想法。

莉迪娅：我觉得这是本适合成年人读的大书，它与别的书完全不同。我觉得值得成年人去读。

促进者：你自己没那么喜欢吗？

莉迪娅：我喜欢，但是……

迪伦：我跟莉比想的一样，这个故事并没有我想得那么好，但我赞同你们说的所有问题。

促进者：你们觉得这本书说的是什么？

托比：残忍。

本：人们怎么能仅仅因为外貌和生活方式就区别对待别人呢！

本杰明：书中说的是人不应该那么刻薄，不应该有种族歧视。

促进者：那么它讲的是人们不应该做的事？

本杰明：只是说不做什么是明智的，因为人们可能会被排挤，会很伤心。

莉比：这本书好像展示了人们对待别人的态度。

迪伦：这本书有什么寓意吗？

促进者：你试着回答一下。

迪伦：是不是关于种族歧视的？

本杰明：这本书并没有明说"不能有种族歧视"，而是说"那就是人们的感受，想象自己被排挤，难过得大哭"。

贝丝：我觉得并不合理，有些随机。你们不能从一个男人被冲进海里开始，要从喜欢这个村子开始。

来自促进者的评价

阿克勒小学是一个很可爱的学校，有很多才华横溢的老师。当我刚来到阿克勒小学的时候，和我一起上课的孩子都对提问感到犹豫不决，他们都非常安静，总是担心什么是"正确答案"。

当我离开的时候，校长高度评价了孩子们的思考能力、提问能力、推理能力。一年后，当我又来到这里时，看到他们对探究活动充满热情，我真的很感动，尽管在这一年中他们没有进行任何哲学活动，但他们仍然保持着对哲学的理解。我深信这种理解会伴随他们终生，我也深信，孩子们表达观点和分享问题的自信对他们未来的生活是无价的。有几个孩子在对话中表现突出，很显然那不是老师教他们说的，老师教给他们的是表达非凡观点的工具。

作为一个促进者，我要反思自己与孩子们的互动，我的互动过多，有时会错过一些观点，但是孩子们对观点的推理和辩护都深深刻在我脑海中。他们能从具体事物中抽象出理论，并与自己的经验相比较。他们问彼此问题，也会问自己问题。回答不出来的时候，他们会感到困惑，于是会互相帮助，共同寻找答案。他们在交流中总结出对冲突的理解和对问题的把握。

我的同事看到摘录之后说："要是人们知道孩子们知道得那么多、那么聪明、可以那么深入地思考该多好啊！"作为教师，在组织儿童开展哲学探究的过程中难免会犯错，但最重要的是，要让孩子发出真实的声音。在这一过程中，孩子是主角，教师只起到辅助作用，应该是这样，也确实是这样！

图画书资源

下面的书单是为了将用于开展哲学探究的图画书汇总在一起。你或许希望从"用于早期探究的图画书"开始。这里是一些经典的图画书，也可用于激发思考活动。在孩子们掌握了参与哲学探究的基本概念和探究技能后，你可以再使用第二部分的图画书组织探究活动。

最后一部分可供与年龄较大一些的孩子开展哲学探究使用。这些书是有关一些更具挑战性的主题的，比如战争、死亡以及资本主义等。

用于早期探究的图画书

在本章开始，我们提到过，这些图画书可以作为从早期探究到探究更具挑战性文本的桥梁。教师可以引导孩子以游戏的方式开始阅读这些书。第五章给出了如何以投票、活动或其他的方式开展哲学探究。早期探究能够帮助促进者和孩子建立信心，从而更乐意运用这些图画书进行深入的更进一步的探究。

（1）约翰·伯宁罕（John Burningham），《我的秘密朋友阿德》（*Aldo*, London: Red Fox, 1993）。

（2）艾德·维尔（Ed Vere），《怪兽要睡觉了》（*Bedtime for Monsters*, London: Puffin, 2011）。

（3）莱奥·蒂姆斯（Leo Timmers），《我是国王》（*I Am the Kings*, Wellington: Gecko Press, 2006）。

（4）雍·卡拉森（Jon Klassen），《找回我的帽子》（*I Want My Hat Back*, London: Walker, 2011）。

（5）吉尔·墨菲（Jill Murphy），《妈妈最知道》（*Mother Knows Best*, London: Puffin, 2011）。

（6）大卫·麦基（David Mckee），《冬冬，等一下》（*Not Now, Bernard*, London: Anderson Press, 2005）。

（7）安东尼·布朗（Anthony Browne），《秘密朋友夜西米》（*The Night Shimmy*, London: Picture Corgi, 2003）。

（8）柯林·麦克诺顿（Colin McNaughton），《问个不停的小奶牛》（*What Now, Cushie Butterfield?*, London: Harper, 2005）。

（9）肖恩·泰勒（Sean Taylor），尼克·沙拉特（Nick Sharratt），《当一只怪兽出生后》（*When a Monster Is Born*, London: Orchard, 2007）。

（10）莫里斯·桑达克（Maurice Sendak），《野兽国》（*Where the Wild Things Are*，London：Red Fox，2000）。

（11）约翰·伯宁罕（John Burningham），《你喜欢……》（*Would You Rather?*，London：Red Fox，1994）。

（12）皮帕·古德哈特（Pippa Goodhart），尼克·沙拉特（Nick Sharratt），《你来选》（*You Choose*，London：Picture Corgi，2004）。

用于进一步发展哲学探究技能的图画书

（1）玛努拉·奥尔特（Manuela Olten），《真正的男子汉》（*Boys Are Best*，London：Boxer Books，2007）。

（2）珍妮特·阿尔伯格（Janet Ahlberg），阿兰·阿尔伯格（Allan Ahlberg），《大盗比尔》（*Burglar Bill*，London：Puffin，2009）。

（3）科林·汤普森（Colin Thompson），《城堡》（*Castles*，London：Red Fox，2006）。

（4）莫·威廉斯（Mo Willams），《恐龙小姐不知道她已经灭绝了》（*Edwina: The Dinosaur Who Didn't Know She Was Extinct*，London：Walker，2008）。

（5）纳迪娅·希琳（Nadia Shireen），《善良的小狼》（*Good Little Wolf*，London：Jonathan Cape，2011）。

（6）马乔莱恩·勒瑞（Marjolaine Leray），《小红帽》（*Little Red Hood*，London：Phoenix Yard，2010）。

（7）凯特·斯莱特（Kate Slater），《喜鹊的财宝》（*Magpie's Treasure*，London：Anderson Press，2010）。

（8）薇薇安·施瓦茨（Viviane Schwarz），乔尔·斯图尔特（Joel Stewart），

《鲨鱼和龙虾的奇妙的海底冒险》(*Shark and Lobster's Amazing Undersea Adventure*, London：Walker, 2006)。

（9）阿拉斯泰尔·里德（Alastair Reid），鲍勃·吉尔（Bob Gill），《如果……》(*Supposing*, New York：New York Review Books, 2010)。

（10）彼得·H.雷诺兹（Peter H. Reynolds），《点》(*The Dot*, New York：Walker, 2003)。

（11）帕特里克·麦克唐纳（Patrick McDonnell），《什么也没有的礼物》(*The Gift of Nothing*, New York：Little, Brown, 2005)。

（12）吉尔·墨菲（Jill Murphy），《最后的玩偶》(*The Last Noo-Noo*, London：Walker, 2003)。

（13）科林·汤普森（Colin Thompson），《纸袋王子》(*The Paperbag Prince*, London：Red Fox, 1994)。

（14）大卫·卢卡斯（David Lucas），《机器人和蓝鸟》(*The Robot and the Bluebird*, London：Red Fox, 2007)。

（15）克里斯·沃梅尔（Chris Wormell），《最伤心的国王》(*The Saddest King*, London：Random House, 2007)。

（16）蒂莫西·巴兹尔·埃林（Timothy Basil Ering），《青蛙怪的故事》(*The Story of Frog Belly Rat Bone*, London：Random House, 2003)。

（17）汤米·温格尔（Tomi Ungerer），《三个强盗》(*The Three Robbers*, London：Phaidon, 2008)。

（18）米妮·格雷（Mini Grey），《海边的三个朋友》(*Three by the Sea*, London：Red Fox, 2011)。

（19）大卫·麦基（David McKee），《黑象和白象》(*Tusk Tusk*, London：Red Fox, 2001)。

（20）彼得·施塔姆（Peter Stamm），尤塔·鲍尔（Jutta Bauer），《当我们住在叔叔的帽子上的时候》（*When We Lived in Uncle's Hat*，Basel：Winged Chariot，2005）。

（21）埃米莉·格雷维特（Emily Gravett），《大野狼》（*Wolves*，London：Macmillan，2006）。

（22）安东尼·布朗（Anthony Browne），《动物园》（*Zoo*，London：Red Fox，1994）。

用于与年龄较大或有经验的儿童开展哲学探究的图画书

（1）希亚文·奥拉姆（Hiawyn Oram），《生气的亚瑟》（*Angry Arthur*，London：Red Fox，1993）。

（2）昆廷·布莱克（Quentin Blake），《天上的帆船》（*A Sailing Boat in the Sky*，London：Random House，2003）。

（3）埃里克·马登（Eric Maddern），珀尔·赫斯（Paul Hess），《榛子壳里的死神》（*Death in a Nut*，London：Francis Lincoln，2005）。

（4）大卫·麦基（David McKee），《丹尼弗先生是个大富翁》（*Denver*，London：Anderson，2010）。

（5）沃尔夫·埃布鲁赫（Wolf Erlbruch），《当鸭子遇见死神：鸭子、死神和郁金香》（*Duck, Death and the Tulip*，Wellington：Gecko Press，2008）。

（6）科林·汤普森（Colin Thompson），《凡间的天使》（*Falling Angels*，London：Red Fox，2002）。

（7）格雷厄姆·贝克-史密斯（Grahame Baker-Smith），《爸爸，看我飞》（*FArTHER*，London：Templar，2010）。

（8）朱尔斯·巴斯（Jules Bass），黛比·哈特（Debbie Harter），《吃素的恐龙》（*Herb, the Vegetarian Dragon*，London：Barefoot，2000）。

（9）科林·汤普森（Colin Thompson），《如何永生》（*How to Live Forever*，London：Red Fox，1998）。

（10）安东尼·布朗（Anthony Browne），《走进森林》（*Into the Forest*，London：Walker，2004）。

（11）简妮·魏格娜（Jenny Wagner），朗·布鲁克斯（Ron Brooks），《江布朗和夜半猫》（*John Brown, Rose and The Midnight Cat*，London：Puffin，2009）。

（12）安杰拉·麦卡利斯特（Angela McAllister），格雷厄姆·贝克–史密斯（Grahame Baker-Smith），《利昂与魔法世界》（*Leon and the Place Between*，London：Templar，2008）。

（13）艾谱莉·威尔逊（April Wilson），《自由的小喜鹊》（*Magpie Magic*，Dorking：Templar，2000）。

（14）乔伊斯·邓巴（Joyce Dunbar），简·雷（Jane Ray），《月光鸟》（*Moonbird*，London：Corgi，2007）。

（15）戴维·麦克费尔（David McPhail），《不！》（*NO!*，London：Francis Lincoln，2011）。

（16）科林·汤普森（Colin Thomspon），《天堂花园》（*The Paradise Garden*，London：Red Fox，2001）。

（17）西尔维娅·范·奥门（Sylvia van Omen），《糖果》（*Sweets*，London：Winged Chariot，2005）。

（18）珍妮·威利斯（Jeanne Willis），托尼·罗斯（Tony Ross），《蝌蚪的誓言》（*Tadpole's Promise*，London：Anderson，2003）。

（19）海伦·沃德（Helen Ward），伊恩·安德鲁（Ian Andrew），《船》（*The Boat*，London：Templar，2005）。

（20）约翰·莱特（John Light），莉萨·埃文斯（Lisa Evans），《一朵小花》（*The Flower*，London：Child's Play，2006）。

（21）奥利弗·杰弗斯（Oliver Jeffers），《害怕受伤的心》（*The Heart and the Bottle*，London：Harper Collins，2010）。

（22）阿明·格里德（Armin Greder），《岛》（*The Island*，New South Wales：Allen & Unwin，2007）。

（23）戈登·斯内尔（Gordon Snell），大卫·麦基（David McKee），《好奇岛的国王》（*The King of Quizzical Island*，London：Walker，2009）。

（24）科林·汤普森（Colin Thompson），《最后的炼金术士》（*The Last Alchemist*，London：Red Fox，2001）。

（25）陈志勇（Shaun Tan），《失物招领》（*The Lost Thing*，London：Hodder，2010）。

（26）厄休拉·琼斯（Ursula Jones），萨拉·吉普（Sarah Gibb），《没有王国的公主》（*The Princess Who Had No Kingdom*，London：Orchard，2010）。

（27）科林·汤普森（Colin Thompson），埃米·利赛厄特（Amy Lissiat），《小老鼠赖利短暂却非常快乐的一生》（*The Short and Incredibly Happy Life of Riley*，Sydney：Lothian，2006）。

（28）乔治·桑德斯（George Saunders），莱恩·史密斯（Lane Smith），《小魔怪黏巴达》（*The Very Persistent Gappers of Frip*，London：Bloomsbury，2001）。

关于使用图画书进行探究的反思

- 如何在你的生活中收集探究材料?
- 如何把专家的知识和经验渗透到儿童文学中?
- 如何确保将使用图画书进行探究融入课堂和学校教育中?
- 如何选择哲学材料?
- 在哪些方面可以使用图画书来增加课程的多样性?
- 为什么说阅读对于我们整个社会来说如此重要?

第九章

促进生命成长的思考

家庭中的思考

给家长的哲学探究建议

分享哲学家庭作业

介绍哲学日志

家庭中的思考

为了让儿童哲学对孩子的生活产生持久的影响,我们的探究活动必须扩展到课堂之外。这就是为什么我们如此高度重视家长的参与。当然,你也可以只在课堂上开展哲学探究,不用家长参与。这取决于教师的个人选择:你可能已经通过学校的其他活动让家长高度参与其中,或者你认为让家长参与哲学探究活动并不适合你们学校的学生家长。

首先,你可能需要考虑怎样向家长解释你打算将儿童哲学作为一种学习工具以及它的价值与优点。家长新生入学见面会是个可以利用的很好的机会,你可以在这次家长会上与家长交流在孩子的教育中将使用的哲学探究活动。可以做一个小小的展示,让家长看看孩子们在哲学课上的学习情况、所用材料以及其他信息。第一次家访或者公开课也是一个好时机,教师可以和家长分享儿童哲学教学的相关信息、实例等,就像分享阅读、写作和计算的教学方法一样。

在与家长分享哲学思考方法时,我们的目的不仅仅是交流,我们希望的是强调"家庭"的价值观,也就是说,在家庭中,交流是有价值的,对话不只是简单地给出评论。这是对家长的一种请求,希望他们在家里可以把孩子作为社会人和他们一起分享理解以及对彼此的欣赏。为了一起思考和对话,成人需要向孩子示范高阶的沟通技能。这样做时,家长可以引用过去、现在和将来的语言,以呼应将来的需要。在如今习惯于文字交流的世界里,面对面的交谈应当获得应有的地位。

学校总是在寻求改善与家长的沟通和提高孩子的语言技能。把我们所做的哲学探究活动分享给家长,可以说是一举两得的方式。以下建议旨在帮助家长参与思考和对话。家长不需要专业的知识来理解我们所致力的目标。他们不必依赖之前在学校学到的东西，也不必感到必须提供正确的答案。作为学校一方，你可以以自己的方式开启这段家校合作开展哲学探究活动的珍贵之旅。

给家长的哲学探究建议

家长哲学布告栏

这可以是一个大的告示板或者白板，可以在一天的开始或结束时把它放在教室外面。布告栏可以用来记录作业，以及任何要考虑的相关问题。你还可以在布告栏中分享下列想法：

- 最近一节哲学课上所用的刺激物材料的复印件，以及孩子们提出的问题和讨论的要点。
- 一本班级评估思考日志。可以是一本笔记，汇集了孩子们对课程的想法。
- 一个哲学"角色"或玩偶以及一块小黑板，在小黑板上呈现这个角色提出的任何问题或陈述，或者孩子们向他提出的任何问题或陈述。展示孩子们向该角色提出的问题，也鼓励家长向它提出任何感到好奇的问题。加上来自该角色的评论、回复和新的问题，使得对话继续下去。
- 孩子们在家里提出的一个个偶然的想法或问题，这些想法或问题都可以用于以后的课堂讨论。这一板块可以标记为："你的孩子想要在课堂探究中进一步讨论的内容"。
- 孩子们的作品展示，比如，你在哲学探究课上用到的照片或哲日志中的插图等。

- 家庭作业看法。父母、照料人或其他家庭成员可以在此写下对家庭作业的看法（一般情况下，最好采用匿名的形式，这样家长会表现得更诚实）。
- 电子播放器、计算机或手机等设备上的新近对话记录，这些家长只能在学校里听，不能带出学校。

这个展示区的好处是，其内容可以经常换，因此可以保持新鲜和兴奋感。哲学是不断发展的科目，新的想法、问题和建议可以确保这种兴奋感。请注意，所有的展示都要便于家长和来访者，当然也要便于孩子。

此外，将一个哲学主题融入更大的展示区域也非常容易，比如，对于带有哲学意味的童话故事或其他书籍的阅读，在与主题展示相关的哲学课上出现的问题和想法等，都可以钉在展板上、挂在展板前或整合进展示中。

你也可以将孩子的问题或者对话写在教室的墙上。

在哲学课结束后的当天放学时，你也可以复制一份课上用到的刺激物材料给家长，这也会非常有用。

家长问题板

这可以是挂在衣帽间的布告板，也可以是放在教室外面的白板。写一份使用说明，并告诉家长，他们不必把自己的名字写在上面。这样做可以让他们更自在地写下他们想知道的任何问题或者孩子在家里提出的任何问题。这些问题可以在之后的课堂上作为讨论的基础，或者鼓励家长对彼此的问题做出回应。你也可以做出示范，在问题板上写下自己的问题、"一周思考"、自己写下的回应或者鼓励他人写下的回应。

班级哲学日记

以下方法都可以编写成一本班级笔记或日记。你需要准备一个空白的笔记本（无论是买的还是手工制作的都可以，剪贴簿大小正合适），把涵盖哲学课程的一周任务记在上面，可以包括：

- 使用的刺激物的细节
- 孩子提出的问题列表
- 对话的要点
- 家庭作业问题
- 孩子对家庭作业的反馈
- 家长对家庭作业的反馈
- 思维日记中的插图

经过编写和整理，这本笔记可以作为儿童哲学课程的长期记录，供家长、照料人、来访者和孩子自己查阅。当他们重新审视和评论自己做过的事情时，这些记录可以成为他们重要思考的证明。

邀请家长来听课

在学年末期，当教师和孩子都适应了哲学课、课程进展顺利的时候，可以邀请几位家长（轮流邀请家长，每次三四位）来听课，你会发现这非常有用。孩子们可以为家长讲解课程的规则和形式，他们也乐于听取家长提出的意见、分享的观点。或者，你还可以请别人来帮忙录下上课的视频，邀请家长和孩子一起观看。

认可思维技能

在读写或个人、社会与健康教育的学校报告中都提及儿童对哲学课的贡献。在家长会上花些时间来讨论孩子的思维技能,关注孩子所做的工作。让家长看到哲学在社交和学术方面对孩子来说都十分重要,这也会鼓励他们在家中更重视哲学探究活动。

家长探究活动(适用于有经验的促进者)

如果你兴致很高,又能得到家长的配合,你也有信心来引导家长的探究活动,那么你可以为感兴趣的家长提供机会参与哲学探究活动。作为促进者,你可以选用高质量的图画书来开展这样的探究活动。

图书角活动

你可以在放学后邀请家长和孩子来看看你在哲学探究活动中使用的高质量的图画书,或许你还能邀请书店多提供些图画书以供家长购买。

分享哲学家庭作业

这种作业可以采用不同的方式,比如定期留作业,一学期留几次作业,或者你更愿意告诉家长孩子们在做什么,而不布置家庭作业任务。

使用家校日志

从幼儿园开始

在家校合作开展哲学探究活动的早期,使用家校日志的目的是介绍家庭中的交流观点。当孩子提出了一个富有挑战性的问题，比如"我真的存在吗？"或者"我出生前在哪里？"时，家长通常会觉得自己不知所措。作为教师，我们知道我们不可能回答孩子提出的所有问题。和家长分享这些观点，可以缓解家长在面对这类问题时感到解释不够甚至不知道"正确"答案的焦虑。无论我们决定用哪种方式来表达这种家校合作的想法，重要的是，我们要告诉家长，可能没有确定的答案。我们正在探索别人的想法。我们是在家庭安全的氛围下，在我们信任的人的陪伴下预演我们的观点、想法和意见。我们还要向家长说明，这些日志不会被评判。

拼写和书写都不是问题，即使家长觉得无话可写也没关系，重要的是对话、发现和思考的过程。如果家长表现出强烈的好奇，孩子会更愿意思考。知道父母也在努力思考困难的问题，会让孩子减少焦虑，并鼓励家庭中的合作思考。

哲学这个词本身从一开始就可能会吓到一些成年人，让他们认为这是不适合他们的学术问题。告诉他们我们鼓励孩子思考的方式，这也意味着他们可以分享乐趣。许多家长反馈说，他们没有意识到孩子们思考问题可以如此具有想象力、如此有趣。有时，我们要鼓励家长像他们的孩子一样保持开放的思想和深思熟虑。

在我们的幼儿园，我们会给家长提供一本课堂记录本。这本记录本中记下的问题或陈述，可供家庭成员一起浏览、分享和讨论。每页都有留出一些空白供家长写下孩子的想法，还有一个部分可供家长添加自己的想法。

这本记录本会与一个布偶玩具一起装在一个袋子里让孩子带回家。在下面的例子中使用了一只小猫头鹰和一个小仙女的布偶玩具。袋子里还有供成人和孩子使用的铅笔盒和贴纸。

记录本的前面有一张说明页。

示例

小仙女叮当（Thinkerbell）的魔法愿望书：

亲爱的孩子和家长：

请选择一个你想一起思考和讨论的问题。家长可以记下孩子的想法和自己的想法。听听别人的意见，看看他人是否赞同自己的观点，这对孩子来说真的很有帮助。

请记住，答案没有对错之分。我很想听听每个人的想法，不管我是否赞同。孩子们也可以在提供的空白处画一幅关于他们想法的图画。请在第二天归还袋子和袋子里面的东西，这样我就能知道其他人是怎想的了。

祝您愉快！

您的

小叮当

下面是空白表格示例，这个表格通常是横向打印的，这样可以多留一些空白让孩子们画画。

仙女应该是女巫的朋友。 这是个好主意吗？为什么是或者为什么不是？	
把你的想法画在这里：	
孩子对小叮当想法的看法：	家长对小叮当想法的看法：
姓名	

下面给出了一份愿望清单。每个句子都可以贴在日志的一个跨页上。这份清单也可以在同步网站上找到，方便打印后使用。

- 小仙女应当把坏人变成青蛙。

- 小仙女应当整天睡觉。
- 人应当使用魔法棒，就像小仙女那样。
- 人应当跟小仙女一样小。
- 人应当像小仙女一样飞。
- 人永远不要长大。
- 人应当都长得一样。
- 人应当住在树林里。
- 小仙女应当去上学。
- 小仙女应当像人一样住在房子里。
- 小仙女应当只吃糖。
- 小仙女应当和女巫做朋友。
- 小仙女应当像人那么大。
- 孩子应当把小仙女装在口袋里。
- 孩子应当每天晚上去参加小仙女的派对。
- 婴儿应当穿着花瓣裙。

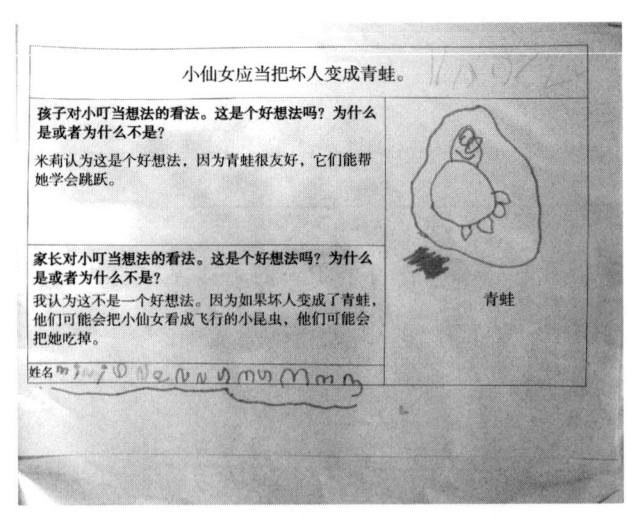

小叮当的魔法书还有另外一个版本——小猫头鹰的智慧书。我们使用《小猫头鹰》（*Baby Owl*）这本书作为刺激物帮助孩子们理解怎样才能做到聪明的思考。因此，把小猫头鹰当作家校思考的布偶玩具就是自然的推进过程。

小猫头鹰的智慧法则书

人应该住在鸟窝里。	
这是个好主意吗？为什么是或者为什么不是？	
孩子对小猫头鹰想法的思考：	在这里画出你的想法：
成人对小猫头鹰想法的思考：	
姓名	

为什么小猫头鹰说这是智慧法则，你能给出原因吗？如果这些法则是真的，会怎么样？你能说一说你觉得这些是不是智慧法则吗，为什么是或者为什么不是？

下面的陈述来自《小猫头鹰》这本书：

- 鸟不应该飞。
- 人应该像鸟一样飞。

- 所有的鸟都应该说话。
- 鸟应该住在人那样的房子里。
- 鸟应该去学校。
- 人应该住在鸟窝里。
- 婴儿应该从蛋里孵出来。
- 人应该照顾所有的动物。
- 人应该有羽毛。
- 鸟应该穿衣服。
- 人应该抓住或找到他们所有的食物。
- 鸟应该比人大。
- 人应该唱出自己的话。
- 鸟都应该有粉红色的条纹。
- 人都应该长一样。
- 不应该有猫。
- 人应该有长长的喙。
- 鸟应该追猫。
- 鸟应该只吃糖。
- 人应该长得像鸟那么小。

小学家校思考日志

你可能希望像在幼儿园阶段一样,在小学阶段做一个家校思考日志。以下是一些问题示例,你可以由此开始。

我们如何知道……

- 我们不是玩具？
- 我们是我们所说的那样？
- 人比动物聪明？
- 橘子是橘子？
- 我们不是都在做同一个梦？
- 新闻不是肥皂剧？
- 我们当中没有外星人？
- 动物没有梦想和愿望？
- 没有人过着跟我们一模一样的生活？
- 我们控制自己的行为？
- 我们的思想是原创的、独一无二的？
- 过去的事真的发生过？
- 明天世界依然存在？
- 以前我们没有活过？
- 时空隧道还没有被发明？
- 穴居人不存在？
- 恐龙没有灭绝？
- 鬼魂不存在？
- 我们看到的都一样？
- 我们懂得别人的意思？
- 我们做的是对的？
- 没有长生不老药？

问题录（适合所有年龄）

你也可以把家长的想法汇编成一本家校问题录。在每个跨页上写上一个问题。建议孩子和家长选择一个或多个问题来回答。在课程结束时，将问题列表作为问卷发下去，供孩子和家长合作完成。将这种方法扩展到全校范围或者从孩子们那里收集更多的问题添加到这本问题录中，也会是很有意思的做法。

来自孩子及家长的问题：

- 谁是你生活中最重要的人？
- 你学到的最有价值的东西是什么？
- 你生活时代的最棒的发明是什么？
- 你最怕什么？
- 如果发生火灾，你会把什么抢救出来？
- 你最喜欢什么味道？
- 如果让你对你的孙辈说句话，你会说什么？
- 你做过什么与众不同的事？
- 你做过什么改变？
- 什么能帮你入眠？
- 你教过别人什么？
- 如果让你制定一条所有人都要遵守的规则，你会制定什么规则？
- 什么能让你笑？
- 你有什么希望？
- 人类会如何进化？

- 你会想让生活中的什么不存在？
- 你不想分享什么？

介绍哲学日志

如果你的哲学日志得到全班孩子的积极反馈，你可能觉得是时候让孩子把自己的思考日志带回家与家长分享了。家长会意识到他们的意见也很重要。为了获得家长的支持，与家长进行充分合作是非常重要的。家长们必须意识到我们如何以及为何要做哲学。

给家长写一封简短的信，说明你将在每次哲学课后让孩子把哲学日志带回家与家长分享，你希望在分享完成后或者下节课前孩子可以把哲学日志带回来。

在日志的第一页，你应该贴上一张说明信，提醒家长该做什么以及开展儿童哲学探究有什么好处。

每个老师写的信都不相同，因为我们每个人认为必须学习这门课的原因都不一样。

下面给出的是我贴在日志内的一封说明信。如果你觉得有必要，也可以在同步网站上找到这封信的模板并下载后使用。

哲学思考活动说明信

我们会在哲学课上做什么？

（1）我们会先展示一个刺激物——可能是一个故事、一首诗或者一段音乐，也可能使用照片、图片或者其他物体。

（2）我们会在哲学日志中以绘画的形式来说明我们的思考以及我们想要寻找的东西。

（3）我们会对我们的绘画或者由刺激物引起的任何让我们好奇的问题进行独自思考或小组讨论。比如，思考有关刺激物的哲学主题。

（4）问一些关于刺激物的有趣的问题，教师会把这些问题记录在一张大纸上。

（5）寻找问题间的关系和联系。

（6）对问题进行投票，选出我们最感兴趣的问题，或者决定我们想讨论哪一个问题。

（7）就与问题相关的主题讨论我们的想法和观点，这个过程称为对话。

（8）从上课过程中产生的问题中选出一个写到哲学日志中，带回家请家长参与讨论。家庭中的任何成员都可以分享他们的观点。

请用些时间和孩子一起在家思考和讨论日志上的问题。请用孩子的原话记录下他的想法，然后也写下您的想法，并在下周把日志带回学校。

感谢您的支持。

（教师姓名）

我发现，随信附上关于学习哲学思考为何如此重要的说明也是非常有用的。下面是一个示例，也可以在同步网站上找到，可供打印后使用。

你的孩子将学到什么？

（1）哲学将在孩子的好奇心中注入逻辑推理能力、问题解决能力、想象力和创造力。

（2）发展孩子的沟通技能，使他们学会表达、倾听和轮流的观念。

（3）教会孩子使用语言争论，教会他们如何寻找句子之间的联系。

（4）帮助孩子更好地进行批判式思考，不带攻击性地质疑他人的观点，也质疑自己的观点。

（5）促进同伴之间的良好关系，使他们能够互相借鉴观点和思想，共同进步。

（6）教会孩子做道德公民，对自己的行为和观点负责。

（7）帮助孩子建立自信和自尊。

（8）由于哲学问题没有绝对的正确或错误的答案，因此哲学能挑战孩子的思维，他们会愿意与你分享他们的想法，并了解你的想法。

（9）孩子问得越多，他们想知道的就越多。

在孩子的哲学日志里布置思考作业时，一定要加上一行"孩子认为……因为……"以及"家长认为……因为……"。在电脑中保存一个模板是很有用的，每周只需修改内容并打印出来贴在日志上就可以了。你也可以给孩子们一张写有问题的纸条，让他们把问题贴在日志里。除了在家长布告栏上写下要考虑的要点外，也应当把这些要点写在日志中，以供那些不接送孩子或没有时间看布告栏的家长知道要做什么。在开始布置家庭思考作业时，为家长示范如何进行哲学思考是很有用的。下面给出一些可以附在思考日志中的问题示例。

哲学思考问题示例

4—5 岁孩子对"什么是艺术？"的哲学讨论

- 如果大象会画画，那是艺术吗？
- 如果我碰翻了颜料罐，地上的色彩是艺术吗？

- 婴儿可以是艺术家吗?
- 一堆砖头是艺术吗?

5—7岁孩子使用图画书进行的哲学探究

这一周,我们一直在思考约翰·伯宁罕的《我的秘密朋友阿德》。故事中的小女孩有一个想象中的朋友。孩子提出的问题是:阿德是真实的吗?

考虑的哲学问题包括:

- 我们怎么知道一个东西是不是真实的?
- 我们的想法来自哪里?
- 梦里的思考和清醒时的思考有什么不同?

小学哲学日志示例

以下与家长分享的哲学日志来自坎布里亚郡彭里斯北部湖区小学五年级(9—10岁)的学生。

日期：3月28日
截至：4月4日

我们这学期学习有关尊重财产和相互尊重的问题。我们在"生命教育巴士"（the Life Education Bus）活动中也对此进行过探索和思考。本周我想让你考虑的问题是：

什么是想法？

考虑要点包括（这些只是提示，给你一些想法，请随意写下你的想法）：
- 我们什么时候思考？
- 我们为什么会思考？
- 当你有一个想法时，你通常做什么？
- 如果我们没有任何想法会发生什么？

请结合自己的经验给予说明。

孩子认为……因为……	家长认为……因为……
● 想法是当你在脑子里思考某件事情的时候产生的。举个例子，老师向你提出了一个问题，你想到一个答案，这就是一个想法。有时候，我们会有一个特别的时间去思考，那就是我们所期望的时刻。我们思考，是因为我们必须做出正确的决定，我们在学校里思考是为了把任务完成得好。当我有了一个想法时，我通常就会这样去做，但有时如果想法与他人有关，那么我会告诉他们，看看他们是否同意。如果我们没有任何想法，我们就都会很迷糊，做不好任何事情。	● 人们无时无刻不在思考。很难想象你头脑里只是一片空白，什么都不想，即使抽离开不想任何事情。我从未真正深入研究过心理学！但我认为，一般的想法可能会分为不同的类别。你会想一些无聊的日常琐事，但不用想得太深，因为那不是必需的。举例来说，要想一想晚上吃点什么，即使你当时在开车。或者你需要做一个非常重要的决定，做决策很复杂，需要很多思考，你得和人讨论一下或者写下来。 ● 有时候，当你晚上快睡着的时候，你脑子里会有一些假想的故事，假想是否真的发生了什么大事，有时候你只是想象着发生了什么坏事，这只是浪费时间，因为这对任何人都没有任何好处。

日期：2009 年 11 月 27 日
截至：2009 年 12 月 4 日
在这学期的哲学课和思考时间里，我们一直在讨论和探究"争论"。
本周我想让你考虑的问题是：

为什么大多数人都有朋友？

考虑要点包括：
- 什么是朋友？
- 为什么我们有朋友？
- 我们总是需要朋友吗？
- 没有朋友你能快乐吗？

请结合自己的经验给予说明。

孩子认为……因为……	家长认为……因为……
● 朋友是在你情绪低落的时候，关心你、和你一起玩、和你一起笑、让你高兴的人。 ● 我们有朋友，这会让我们快乐，朋友可以保护我们不被欺负，朋友可以和我们分享生活中的东西，比如玩具、游戏、特权、时间、金钱、食物、活动和爱。 ● 我们大多数时候一般都需要朋友，因为他们帮助我们保持快乐和坚定。但有时我们必须自己做一些事情，这样你才能帮助自己变得更强大，学会独立依靠自己。 ● 没有朋友会很难感到快乐，因为当你感到沮丧、孤独或害怕时，没有人能帮助你。	● 朋友是你很了解的人，你信任的人，和你一起度过很多时间的人，你可以和他分享想法和秘密的人，和你一起玩的人。 ● 朋友会来安慰我们，帮助我们，赞扬我们，帮助我们克服困难。他们通常是好的听众，值得相信和信赖。 ● 我们的朋友让我们感到快乐，与其消极，不如保持积极的心态。然而，一个好朋友会知道什么时候该适度放手，这样你就可以自己完成一项任务或独自解决一个问题，以便让自己在经历中变得更强。 ● 一个意志坚强的人或是一个自信满满的人，才能保持快乐，才能乐观面对生活中的一切困难，而这些必须在至少一个朋友支持的情况下才能做到。不过，有时人们把宠物当朋友！

日期：12月1日
截至：12月8日
在这学期的哲学课和思考时间里，我们一直在讨论和探究"争论"。
本周我想让你考虑的问题是：

争论总是好的吗？

考虑要点包括：
- 什么是争论？
- 什么能引起争论？
- 你经常争论什么？
- 你通常和谁争论？

请结合自己的经验给予说明。

孩子认为……因为……	家长认为……因为……
● 当两个人（或更多人）在某些事情上意见不一致时，他们开始跟对方生气，他们还会互相喊大叫。 ● 人们意见不一致会引起争论。如果人们懒惰，不好好工作，也会引起争论。有时，当人们彼此不友好时，争论就开始了。 ● 我的争论通常是关于我的玩具的，谁可以玩它们，谁可以借它们。（不过，我确实分享得很好。） ● 我和妹妹（梅茜）经常因为想看不同的电视节目而争论。当我的朋友说我不擅长足球，不让我参加时，我也会和他们争论。我喜欢足球！	● 争论通常是当人们对一个话题的意见出现强烈的分歧时出现的，这时，争论通常变成了激烈的言语交流。他们有可能互相喊叫。有时，一场争论的影响会很大，甚至会导致国家之间的战争。当争论失控时，人们也可能诉诸暴力。 ● 争论可以从小事开始。孩子们会因为抢玩具、任性等傻事而争论。成年人可能会因为不同的做事方式而争论。有时，埋怨别人的行为会引起争论。有时，争论是一种释放沮丧和压力的方式。 ● 有时，我也会因为不同的事情而争论，通常是因为我觉得有人没有尽到自己的责任，我觉得自己被安排去做所有的事。然后，我会用灵活的方式表达我的意见。当我累得睁不开眼睛的时候，可能更容易与人发生争论。我不是一个喜欢早起的人，所以现在不是惹我的好时机。 ● 我不会说我经常与人争论。我喜欢把它们看作分歧。我丈夫从不反驳我，所以什么都争论不起来。我祖母很爱争论，但我通常会同意她的意见。

感谢班上的老师和"教育中的哲学探究与反思促进协会"的成员马丁·索尔斯比。哲学日志也要以孩子们的对话和探究为基础。马丁要求孩子和家长在考虑他们的答案时,既要做到诚实,又要结合他们的经验举例说明。当然,这种信任是需要时间来获得的。

其他可考虑的问题包括:

做正确的事能让你真正快乐吗?

- 如果你做了错事,会感觉如何?
- 你怎么知道一件事是对还是错?
- 你是否曾经做了对的事情却感到悲伤?

如果很多人想的都一样,他们就是对的吗?

- 我们怎么知道一个人是对的?
- 我们是否应该总是听别人的?
- 提出不同意见很难吗?

如果没有人会感到害怕会怎样?

- 有可能不害怕"某个东西"吗?
- 如果没有害怕的东西会发生什么?
- 你住的地方和你周围的人会有什么不一样?

跟随好还是领导好？

- 做一个领导者是容易的事情吗？
- 你觉得按照别人说的去做会更容易吗？
- 如果你不同意领导者的意见怎么办？

> **关于家校合作思考的反思**
>
> - 你将如何促进整个学校的哲学凝聚力？
> - 为什么让家长参与进来很重要？
> - 你预计在你的学校可能会有哪些问题，以及你将如何克服这些问题？
> - 为什么让家长发出他们的声音很重要？
> - 如何使整个学校在哲学活动的参与程度上做到最大化？
> - 你如何在家校沟通中示范哲学思考的严谨性？

参考文献

（1）安东尼·布朗（Anthony Browne），《汉赛尔与格莱特》（*Hansel & Gretel*，London：Red Fox，1988）。

（2）安东尼·布朗（Anthony Browne），《动物园》（*Zoo*，London：Red Fox，1994）。

（3）约翰·伯宁罕（John Burningham），《我的秘密朋友阿德》（*Aldo*，UK：Random House，2000）。

（4）英国教育与技能部（DfES），《学前教育阶段儿童发展重点：游戏与探索》（*The Early Years Foundation Stage Every Child Matters: Play and Exploration*，UK：Crown，2007）。

（5）安娜琳娜·麦克菲（Annalena McAfee），安东尼·刘易斯（Anthony Lewis），《为什么星星总是在晚上出来？》（*Why Do Stars Come Out at Night?*，London：Red Fox，1988）。

（6）薇薇安·嘉辛·佩利（Vivian Gussin Paley），《沃利的故事：幼

儿园中的对话》(*Wally's Story: Conversations in the Kindergarten*, London: Red Fox, 1988)。

(7) 萨拉·斯坦利 (Sara Stanley), 史蒂夫·鲍科特 (Steve Bowkett),《但是, 为什么?: 在教室里发展哲学思维》(*But Why?: Developing Philosophical Thinking in the Classroom*, London: Network Educational Press, 2004)。

(8) 达姆·克莱尔·蒂克尔 (Dame Clare Tickell),《早期教育: 为生命成长、健康与学习奠基》(*The Early Years: Foundations for Life, Health and Learning*, UK: Crown, 2011)。

探究材料

概念卡

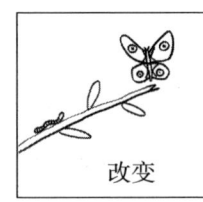

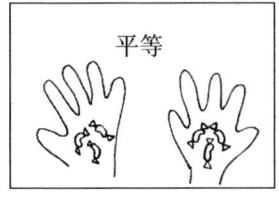

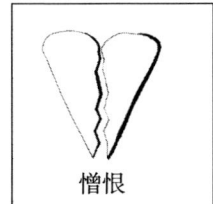
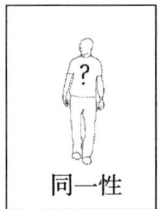

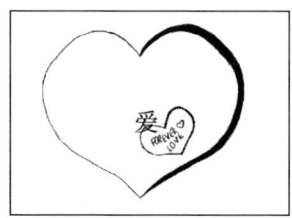

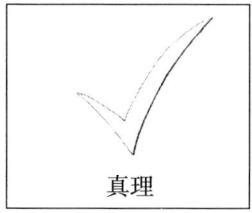
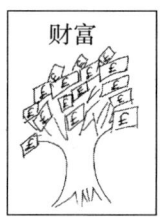

异同卡

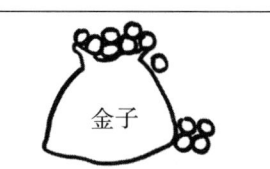

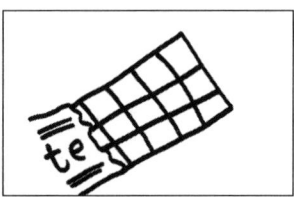

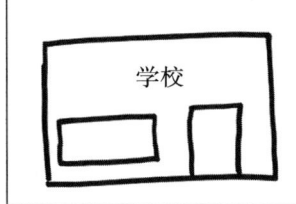

思考桥

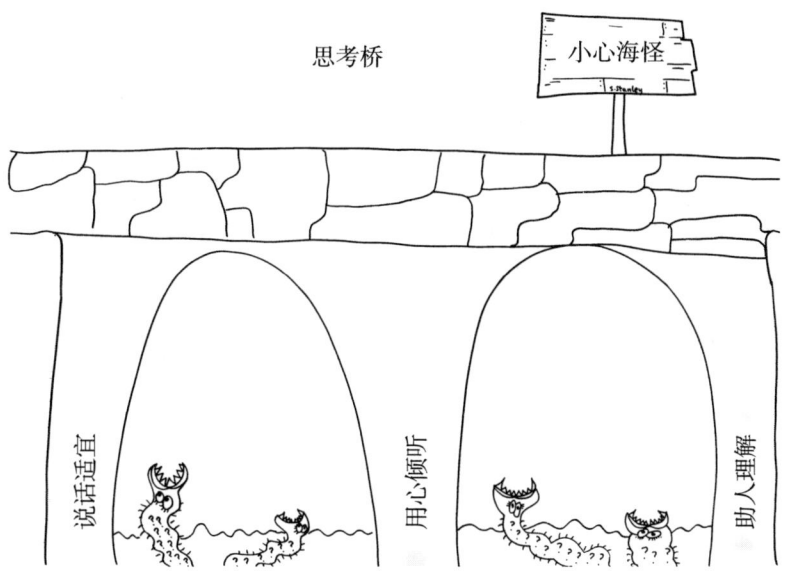

《杰克与魔豆》活页

选择卡

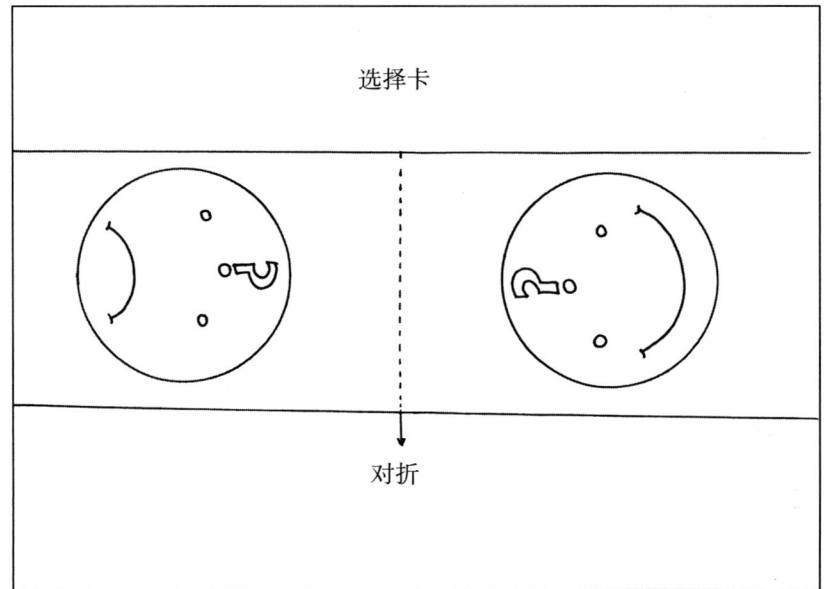

万千教育 学前教育类书目

书号	书名	著、译者	定价(元)
幼儿园教师专业成长指导			
2547	认识婴幼儿的游戏图式	张 晖 等译	48.00
2113	做会沟通的幼儿教师	胡剑红 等 主编	38.00
2236	幼儿园文案撰写规范与技巧	刘 敏 等著	52.00
2311	幼儿园探究性环境创设（四色）	康 丹 等译	48.00
2056	小脑袋，大问题（四色）	孟 晨译	48.00
2309	破解幼儿园教师的90个工作难题	杜长娥 徐 钧 主编	52.00
2112	幼儿园优质教研活动设计方案	朱 清 等著	38.00
1781	给青年幼儿教师的建议	吴邵萍 著	40.00
8470	答新手幼儿教师120问	刘洪霞 主编	28.00
1798	幼儿园新手教师指导手册	王 芳 等著	48.00
1783	从新手到骨干——幼儿教师专业成长故事	尹坚勤 编著	42.00
1780	幼儿教师追求幸福的方法	余胜兰 著	42.00
9111	做个幸福快乐的幼儿教师——为你的专业成长支招	莫源秋 著	28.00

9047	幼儿教师临场应变技巧60例	冯伟群 著	25.00
8930	幼儿教师易犯的150个错误	伍香平 编著	32.00
0070	幼儿教师必知的礼仪规范	向多佳 编著	38.00
9611	幼儿园教师必知的60条教育政策与法规	洪秀敏 编著	34.00
幼儿园教师专业成长指导系列合计			681.00
幼儿园教师教学技能与活动指导			
2727	从头到脚玩绘本（全彩）	董旭花 张海豫 主编	78.00
2253	理解儿童心理从绘画开始（全彩）	陈侃 著	38.00
0760	幼儿园备课·说课·听课·评课	俞春晓 等 著	42.00
9499	幼儿教师必须修炼的10项教学技能	俞春晓 著	25.00
9454	幼儿园教学诊断技巧与对策58例	王春燕 等 著	38.00
9612	幼儿园综合主题活动——设计技巧与优秀案例	赵旭莹 等 主编	42.00
1235	幼儿园绘本美术活动创意设计（全彩）	郭莉萍 赵福云 主编	68.00
9323	幼儿园美术活动创意设计（全彩）	罗梅 赵福云 主编	56.00
0180	给幼儿教师和家长的81条美术教育建议（全彩）	李力加 著	62.00
9150	幼儿园节日活动精彩设计方案	刘洪霞 主编	35.00
9590	幼儿园语言活动创新设计	郭咏梅 著	32.00

……
欲了解更多图书信息，请登录：www.wqedu.com
联系地址：北京市西城区三里河路6号院2号楼213室 万千教育
咨询电话：010-65181109，65262933

*本目录定价如有错误或变动，以实际出书为准。